新时期
对外汉语教学法专题研究

XINSHIQI DUIWAI HANYU JIAOXUEFA ZHUANTI YANJIU

王笑艳◎著

中国水利水电出版社
www.waterpub.com.cn
·北京·

内 容 提 要

本书从理论和实践的角度对对外汉语教学进行了系统研究,内容包括:对外汉语教学概述;新时期对外汉语教学实践的具体内容;新时期对外汉语教学的过程研究;新时期对外汉语听力、口语、阅读、写作教学研究;新时期对外汉语综合课教学研究等。本书结构严谨清晰、理论明确、内容翔实,具有科学性、系统性、实用性的特点,对于对外汉语教学活动的开展具有一定的理论指导作用,是一本值得学习研究的著作。

图书在版编目 (CIP) 数据

新时期对外汉语教学法专题研究 / 王笑艳著 . -- 北京:中国水利水电出版社,2016. 11(2022. 9重印)

ISBN 978-7-5170-4830-5

Ⅰ . ①新… Ⅱ . ①王… Ⅲ . ①汉语 - 对外汉语教学 - 教学法 Ⅳ . ① H195.3

中国版本图书馆 CIP 数据核字(2016)第 254411 号

责任编辑:杨庆川 陈 洁 封面设计:崔 蕾

书 名	新时期对外汉语教学法专题研究 XINSHIQI DUIWAI HANYU JIAOXUEFA ZHUANTI YANJIU
作 者	王笑艳 著
出版发行	中国水利水电出版社 (北京市海淀区玉渊潭南路 1 号 D 座 100038) 网址:www.waterpub.com.cn E-mail:mchannel@263.net(万水) 　　　　sales@mwr.gov.cn 电话:(010)68545888(营销中心)、82562819(万水)
经 售	全国各地新华书店和相关出版物销售网点
排 版	北京鑫海胜蓝数码科技有限公司
印 刷	天津光之彩印刷有限公司
规 格	170mm × 240mm 16 开本 16.5 印张 220 千字
版 次	2017年1月第1版 2022年9月第2次印刷
印 数	2001-3001册
定 价	65.00 元

前　言

　　随着经济全球化发展趋势的加快,以及我国国际地位的不断提高,全球范围内掀起了学习汉语的热潮,不但有越来越多的外国人来华学习汉语,而且在国外的学校中也开设了汉语课程。对外汉语教学对于传播中华民族的优秀文化,增进中国与世界各国人民的相互了解,扩大中国与世界各国的经济、文化等各方面的交流与合作,提高中国的国际地位具有重要的意义。随着知识经济时代的到来,目前,对外汉语教学正处于全新的、催人奋进的发展态势中,对外汉语教学面临着巨大的机遇和挑战。

　　虽然汉语作为第二语言教学具有悠久的历史,但是,对外汉语教学作为一门学科并且得到学术界的认可,其发展较晚,学科基础也比较薄弱。为适应时代发展的要求,对外汉语教学的专家学者和教师进行着不断的努力,从目前的研究现状来看,对外汉语教学法研究尚不完善,为此,作者撰写了《新时期对外汉语教学法专题研究》一书,以求完善对外汉语教学的理论和实践研究,为推动对外汉语教学事业发展奉献一份力量。

　　全书内容共分为八章。第一章为对外汉语教学概述,对对外汉语教学的相关理论知识进行了深入的探讨;第二章对新时期对外汉语教学实践的具体内容进行了全面分析;第三章对新时期对外汉语教学的过程进行了系统的研究;第四章对新时期对外汉语听力教学进行了研究;第五章对新时期对外汉语口语教学进行了研究;第六章对新时期对外汉语阅读教学进行了研究;第七章对新时期对外汉语写作教学进行了研究;第八章对新时期对外汉语综合课教学进行了研究。本书结构严谨清晰、理论明确、内容翔实,具有科学性、系统性、实用性的特点,相信本书的出版会对新时期对外汉语教学活动的开展发挥重要的指导作用。

　　本书在撰写的过程中参阅了大量有关对外汉语教学法方面的著作，引用了许多专家和学者的研究成果，在此表示最诚挚的谢意！由于时间仓促，作者水平有限，错误和不当之处在所难免，恳请广大读者在使用中多提宝贵意见，以便本书日后的修改与完善。

作　者

2016 年 7 月

目 录

前言

第一章　对外汉语教学概述…………………………………… 1

　　第一节　对外汉语教学的学科属性……………………… 1

　　第二节　对外汉语教学的发展概况……………………… 9

　　第三节　对外汉语教学法的发展概况…………………… 21

　　第四节　对外汉语教学目标的设计与编写……………… 25

第二章　新时期对外汉语教学实践的具体内容……………… 34

　　第一节　对外汉语语音教学活动………………………… 34

　　第二节　对外汉语词汇教学活动………………………… 42

　　第三节　对外汉语语法教学活动………………………… 51

　　第四节　对外汉语汉字教学活动………………………… 60

　　第五节　对外汉语文化教学活动………………………… 71

第三章　新时期对外汉语教学的过程研究…………………… 80

　　第一节　对外汉语教学的总体设计……………………… 80

　　第二节　对外汉语教学教材的评估与选用……………… 86

　　第三节　对外汉语课堂教学活动的开展………………… 93

　　第四节　对外汉语教学的测试…………………………… 111

第四章　新时期对外汉语听力教学研究……………………… 121

　　第一节　对外汉语听力教学的任务与模式…………… 121

　　第二节　对外汉语听力教学实践……………………… 127

　　第三节　对外汉语听力能力的训练途径……………… 143

第五章　新时期对外汉语口语教学研究……………………… 147

　　第一节　对外汉语口语教学的性质与任务…………… 147

第二节　对外汉语口语教学实践……………………　152

第三节　对外汉语口语能力的训练途径…………　167

第六章　新时期对外汉语阅读教学研究……………　178

第一节　对外汉语阅读教学的目的与过程………　178

第二节　对外汉语阅读教学实践…………………　182

第三节　对外汉语阅读能力的训练途径…………　199

第七章　新时期对外汉语写作教学研究……………　209

第一节　对外汉语写作教学的任务与原则………　209

第二节　对外汉语写作教学实践…………………　222

第三节　对外汉语写作能力的训练途径…………　232

第八章　新时期对外汉语综合课教学研究…………　236

第一节　对外汉语综合课的教学实践……………　236

第二节　速成对外汉语综合课教学研究…………　243

参考文献………………………………………………　256

第一章　对外汉语教学概述

近些年来,对外汉语教学作为一门独立学科正逐步走向成熟。同时,随着中国国际地位的日益提升,中国与世界各国的沟通和交往更加紧密,而向全世界推广汉语的需要也更加迫切了。由此,对外汉语教学也将面临更多的挑战。在这种形势下,我们有必要在了解对外汉语教学学科属性的基础上,探究我国对外汉语教学和教学法的发展状况,以更好地制定改革、促进对外汉语教学工作的有效策略。本章就以上几方面内容进行阐述,并在最后对对外汉语教学目标的设计与编写进行适当的分析。

第一节　对外汉语教学的学科属性

一、对外汉语教学的学科名称

学科的名称通常反映了学科的内容和学科本质特点。人们对某一学科本质认识的不同,在学科名称上也通常因此会有不同的看法;加上历史沿革、约定俗成等因素的影响,学科名称问题也会变得复杂。对外汉语教学是一门新兴的学科,但人们也为其名称问题曾展开过不少争论。1982 年,对外汉语教学被提出,如今在我国是正式的名称,也用得最多。《中国大百科全书·语言文字》中写道:"对外汉语教学是指对外国人的汉语教学。"实际上,对外汉语教学也包括对第一语言不是汉语的海外华人进行的汉语教学。这一名称基本上能够体现该学科的特点和内涵,在国外也产生了广泛的影响,而且简洁上口、符合汉语习惯。中央文件如《中国教育改革和发展纲要》,国家机构如"国家对外汉语教学领导小组",学术组织如"中国对外汉语教学学会"等都正式采用了这一名称。但是如果深究起来,这一名称只突出了主要教学对象,未能全面、准确地反映学科性质——第二语言教学。只是由于该名称已广泛使用,今后仍将是本学科用得最多的名称。本书也采用了这个名称。

需要指出的是,在一些历史阶段和特殊场合中,"对外汉语教学"还存在其他名称,具体如下。

"对外汉语教学"一开始就是针对国内教外国人汉语这一事业所起的名字,明显带有浓厚的本地色彩,主要是从中国人的视角来称呼这一学科,因此它只适用于中国。海外的同行们根据各自的不同情况,有的把"对外汉语教学"这门学科叫作"中文教学",有的叫作"中国语教学",也有的叫"华文教学"等。因而,当与国外同行们一起探讨这门学科问题时,或者讨论的问题涉及在海外进行的汉语教学时,显然不应使用"对外汉语教学"这一名称。这种情况下,可简化为"汉语教学"。这一名称在国际场合的接受程度比较高。

从学术上较能精确地指称这一学科内涵和性质的,应当是"汉语作为第二语言教学",这一名称能涵盖第一语言以外的所有汉语教学:既能指在中国进行的对外国人的汉语教学,即对外汉语教学,也能指世界各地的汉语教学,而且还能包括与之性质大体相同的对我国国内少数民族的汉语教学。此外,也就是说,它又能体现出与上位学科——第二语言教学学科的关系。但是,也应该看到,这一名称太长,而且念起来不顺口,再加上约定俗成的原因,它是不可能取代"对外汉语教学"这个名称的。不过,今后它仍将继续使用于本学科的学术论著中。2012 年,国家教育部印发了《普通高等学校本科专业目录(2012 年)》,对外汉语教学专业改名为"汉语国际教育"。该名称体现了鲜明的中西融合、学教并重的学科特点,也涵盖了在外国进行的面向外国人的汉语教学,涵盖面向本国的非汉民族的人的汉语教学,可见汉语国际教育的覆盖面比较全面。

以上几个名称都在实际中被使用,只是使用的场合有所不同,但都存在一个共同的问题,即如何正确体现"教学"与"教育"的关系。因此,近些年来,还有人提出将学科名称称为"对外汉语教育学科",把该学科的研究提升到教育层面上来,从教育的高度研究对外汉语教学,反映到本学科的名称上。不过,在人们的习惯思维里,"教学"与"教育"一般都是通用的,而且还习惯于用广义的"教学"来代表"教育"。总的来说,"对外汉语教学"仍然是比较通用的学科名称。

二、对外汉语教学的学科地位

关于对外汉语教学的学科地位问题,即是否为独立学科,归属为哪一门学科,目前还没有取得统一的认识。一般而言,判断一门学科是否有独立的资格时,主要看它是否有独特的研究对象,是否有独特的研究方法,是否有独特的科学体系,是否有独特的研究成果。据此,北京大学教授赵金铭教授认为,对外汉语教学是一门科学,也是一个学科。1993 年 7 月,国家教育委员会高等教育司颁布了《普通高等学校本科专业目录和专业简介》,根据该文件规定的学科门类划分标准,对外汉语教学属于同汉语言并列的、二级类中国语言文学类之下的独立专业。后来,中国语言文学调整为一级学科,下属有语言学及应用语言学,而对外汉语教学属应用语言学。2012 年,国家教育部对 1999 年印发的专业设置规定进行了修订,形成《普通高等学校本科专业目录(2012年)》,对外汉语教学专业改名为"汉语国际教育",仍然同汉语言并列,属于中国语言文学类之下的二级类专业。如今,对外汉语教学是语言教学的一种,是应用语言学的一个分支学科,这已成为对外汉语教学界大多数人的共识。

三、对外汉语教学的学科特点

从上述关于对外汉语教学的学科名称、学科地位的相关阐述来看，对外汉语教学主要有以下几方面的特点。

（一）对外汉语教学是一门专门的学科

对外汉语教学有专门的研究对象、研究任务和研究视角。对外汉语教学的研究对象主要是对外汉语教学现象、教学原理、教学方法、教学过程，以及整个教学系统中各要素的相互作用。对外汉语教学的研究任务是探索、揭示对外汉语教学规律，以指导教学实践，解决教学实践问题，提高教学效率，实现教育目标。对外汉语教学的研究视角不仅是语言学的，也是心理学的和教育学的，是综合这几门学科的独特视角。从所承担的主要教学任务来看，对外汉语教学是一种以培养语言交际能力为目标，将语言知识转化为技能，以技能训练为中心，以基础阶段为重点，与文化因素紧密结合，在语言对比的基础上进行集中、强化的汉语教学。带有这些特点的教学任务也是独特的。对外汉语教学学科的研究任务和教学任务，是其他相关学科所不能承担的。所以说对外汉语教学是一门专门的学科。

（二）对外汉语教学是一门应用性学科

不同于第一语言的习得，对外汉语教学是在学校进行的正规教学活动，课堂教学依据正规的教学程序进行，有必要的教学设施、教材、教师。教师在对外汉语教学中的作用至关重要。教师不但要完成实际的教学任务，还要在教学中善于发现学生语言学习的难点，以此来设计课堂教学的重点。优秀的教师要时刻关注教学中的具体问题，以细致和务实的态度扎实地研究，发现规律；同时具备一定的语言学理论知识，在教学中应用并完善语言理论体系。脱离教学实践而"创造"出来的理论是没有办法用于教学实际的。实践表明,那些对语言教学理论做出特殊贡献的学者,很多人本身就是杰出的语言教师,正是因为他们在实践中不断揣摩、研究,才形成了正确的语言学理论。赵元任先生就是集语言学家、语言教育理论家和语言教师为一身的世界著名学者。我国著名语言学家王力、吕叔湘、周祖谟、朱德熙、张志公诸先生也无不如此。作为一门应用性的学科,对外汉语教学学科在研究方法上也体现了一定的特点:不能仅仅坐而论道,要进行科学实验,获得数据,进行定量、定性分析,从而得出客观的、有说服力的结论。

（三）对外汉语教学是一门综合性学科

由于对外汉语教学是对母语为非汉语的学习者进行的第二语言教学,文化背景、语言环境存在诸多差异,这给学习者增加了学习难度。因此,对外汉语教学中的文化和社会因素,成为重要的教学内容。这体现了对外汉语教学这一学科的综合性。

对外汉语教学综合了多种学科的理论成果,研究对外汉语教学学科所面临的特殊课题,从而形成并逐步完善自身的学科理论。许多学科都对对外汉语教学产生了重要的影响,包括哲学、横断学科和社会学等。

哲学从总体上揭示客观世界最一般的规律,从而启发人们学会用一般的规律来针对具体的生活寻找特殊的规律,从宏观上、方向上对各学科产生指导作用,因而是包括对外汉语教学在内的一切学科的理论基础。哲学史上认识论的经验主义和理性主义两大派,对不同的语言学习理论和语言教学理论流派的形成与争论产生了很大的影响。马克思主义哲学思想是辩证唯物主义和历史唯物主义,它为对外汉语教学提供了正确的认识论。马克思主义哲学中一切有关的理论都会为对外汉语教学提供方法和指导。它使对外汉语教学的研究工作有明确的方向、科学的方法途径,克服盲目性,避免片面性甚至极端化的倾向。

数学等横断科学对对外汉语教学起着方法论的作用。数学是从量的角度来反映客观世界及其规律的工具,也是科学研究的普遍方法。在物质运动当中,量和量的关系是普遍存在的,因此,对于对外汉语教学而言,也存在量之间的关系。此时,横断科学的方法同样也适用于对外汉语教学。科学数学化已成了现代科学发展的一个重要特点。今天不仅在自然科学中,而且在社会科学中,数学方法正在发挥巨大的作用。近年来对外汉语教学界也非常注重使用数学等横断科学的方法,对对外汉语教学来说,其在理论和实践方面都起到了巨大的推动作用。20世纪中叶,还有一些新的横断学科相继崛起,如系统论、信息论和控制论等。这些新的科学理论不仅丰富和深化了马克思主义认识论,而且为人们提出了认识世界的新理论、新方法,这些方法对各学科都有重要的指导意义,对外汉语教学也不例外。

社会学是用来研究社会问题的学科,包括研究社会生活、社会制度、社会行为、社会变迁和发展等。语言是一种特殊的社会现象,它具有社会的本质属性,因此语言教学的研究不可能不受社会学的影响。20世纪60年代中期,美国兴起了社会语言学,它是社会学和语言学之间的一门边缘学科,从语言与社会的关系角度研究语言,着重于对语言使用中变异现象与社会环境之间的相互关系的研究,着重分析人们在交际过程中的语言行为,特别是那些依靠一定社会环境而体现出的语言行为。对于第二语言教学来说,社会语言学具有一定的借鉴意义。社会语言学突破传统语言学单纯对语言内部结构关系的描写与分析,重视语言的社会功能和交际作用,从宏观上对第二语言教学起指导作用,对对外汉语教学已经而且正在发生着巨大的影响。

由此可知,对外汉语教学是综合了多门学科理论而形成的综合性的学科。这些学科与对外汉语教学学科有着密切的联系,它们在一定程度上指导了对外汉语学科的教学,为对外汉语教学提供了方法论基础。

四、对外汉语教学的学科性质

对外汉语教学的学科性质主要体现于它是语言教学,是第二语言教学,是汉语作为第二语言的教学,是对外国人进行的汉语作为第二语言的教学。

（一）对外汉语教学是语言教学

语言教学的最终目的就是要把语言教好。在教语言的过程中,总会牵涉到文化内容,而文化又是为语言教学服务的。语言实际上只是交际工具而已,因此语言教学的目的就是要让学习者懂得如何使用这个工具,通过这个工具提高交际能力。语言教学不同于语言学的教学。语言学是研究语言的性质和规律的科学,其教学是教授有关语言的理论知识以及有关语言的研究方法。语言教学中也包含一定的语言知识和语言规律的教学,但都是为学习语言这种交际工具而服务的。如果不了解这一点,许多教师就会陷入误区,在语言学的课堂上占用相当多的时间来讲汉语语法知识、词汇的各种义项和用法等。我们强调对外汉语教学作为语言教学的性质,目的在于把它从教学内容和教学方法上与其他学科、包括语言学学科区分开来。

（二）对外汉语教学是第二语言教学

对外汉语教学是第二语言教学,不同于第一语言教学,即母语教学。对于个人的学习和成长来说,母语还是比较容易掌握的,其交际能力也是在母语的基础上培养的。所以,母语为汉语的语言教学,除了需要进一步提高汉语的运用能力、特别是读写的能力外,还要求学生学习一定的汉语基础知识,提高其思想品德、情感品质、文学修养和审美能力。对外汉语教学的教学对象是外国人,因此其教学往往是从零开始的,学习者没有任何汉语基础,不但没有汉语的听说读写的能力,甚至从未接触过,需要从汉语的发音、说话学起。因此,基础阶段的汉语教学对他们来说显得特别重要,是对外汉语教学的重点阶段。为了能在较短的时间里尽快达到初步掌握这种目的语的目的,对外汉语教学就必然带有短期、速成、集中、强化的特点,就必须强调所传授的知识要转化为技能并以技能训练为中心,以培养学生运用目的语进行交际的能力为根本目标。而伴随语言教学所进行的文学与文化教育、审美教育等,也会受到学习者目的语水平的限制,只有目的语达到一定水平时才谈得上通过目的语来研究文学、文化。第二语言教学的性质,就把对外汉语教学与第一语言教学即母语文教学有了明确的区分。

（三）对外汉语教学是汉语作为第二语言的教学

汉语作为第二语言的教学,必然要受到第二语言教学普遍规律的制约,而汉语教学又有本身的特殊规律,受之影响和制约。此外,它与英语、俄语、日语、阿语等其他第二语言的教学也有很大不同。汉语属汉藏语系,与世界上很多语言基本上都没有相关的谱系关系,因此对大部分外国学习者而言是一种陌生的语言。汉语所体现的文化与其他民族、特别是西方民族也有很大差异,这给学习者也增加了一定的困难,而学习者的起点又都不高。这些都是造成"汉语难学"成见的原因。此外,汉语在语音、词汇、语法、汉字方面也确实有许多不同于其他语言、特别是西方语言的特点;掌握汉语特有的书写系统——汉字,对以拼音文字为母语的学习者来说被认为尤为困难。通过语言对比可以发现,汉语的特点正是很多外国学习者的难点,也就成了对外汉语教学中需要突出的重点。这些难点与重点也就成为对外汉语教学的特点。

（四）对外汉语教学是对外国人进行的汉语作为第二语言的教学

对外汉语教学是对外国人进行的汉语作为第二语言的教学,

这不同于对我国国内少数民族的汉语作为第二语言的教学。国内各少数民族同属于中华民族大家庭,共同创造了中华文化,因此少数民族学习、使用汉语时的民族文化差异较小,从而减小了学习汉语的难度。而外国学生来自世界各国,各国之间特别是东西方文化之间的巨大差异,对汉语的理解、学习和运用也就出现了很多障碍,甚至产生文化冲突。因此与语言交际紧密相关的文化因素,成为对外汉语教学的重要内容。

第二节　对外汉语教学的发展概况

一、新中国成立前的对外汉语教学

关于对外汉语教学的历史,早在两千多年前的《周礼》《礼记》中提到的通译就可以看到端倪。其中,《礼记·王制》就曾记载:"五方之民,言语不通,嗜欲不同。达其志,通其欲;东方曰'寄',南方曰'象',西方曰'狄鞮',北方曰'译'。"当中所说的寄、象、狄鞮、译,是指精通两种语言的人才。当然,这种双语学习还不能算是对外汉语教学,只能说是中原人与边陲民族的言语沟通。

从汉代开始,大批的外国人或外族人真正到中国学习汉语,到唐代时形成了外国人学习汉语热潮,西有安息、天竺,东有高丽、日本,都有来学汉语的。他们学习汉语主要为了经商,或者是传教,注重口语学习,也有以研究汉学为目的,侧重于书面语。明代、清代也有不少外国人来华学习汉语,出现了不少的汉语教材,影响较大的有明末金尼阁的《西儒耳目资》和清末威妥玛的《语言自迩集》。鸦片战争之后,中国沦为半殖民地半封建社会。帝国主义为侵略政策服务,一些国家开始在中国办学校,学习汉语。辛亥革命到1949年前,我国的对外汉语教学也十分微弱,当时中国政府与外国政府交换的留学生数量相当有限。有一些留学生在中国学习汉语,但汉语学习地位不高。20世纪40年代,我国老舍、萧乾、曹靖华等从事过对外汉语教学。其中,老舍曾在英国伦敦大学东方学院任汉语讲师。

关于外国的汉语教学,朝鲜早在公元 372 年就正式设立了太学讲授汉语;约从公元 2 世纪开始,佛教经中国传入越南,为了研究佛经,越南人也开始学习汉语,学写汉字;17 世纪后,一些欧洲国家如德国、法国、意大利等出现了西方传教士教授汉语的活动,这些汉语教学又通常和汉学研究相结合。

总的来说,新中国成立前,我国的对外汉语教学始终没有成为一项专门的事业和一种专门的学问。

二、新中国成立后的对外汉语教学

新中国成立后,对外汉语教学才开始被当作一项事业、一门学科来发展。我国对外汉语教学,从 1950 年 7 月在清华大学成立第一个对外汉语教学机构"东欧交换生中国语文专修班"算起,我国对外汉语教学发展至今已有 60 多年。新中国成立后的对外汉语教学发展史,以 1978 年为界分为两个时期。新中国成立到 1978 年是对外汉语教学的形成时期,也就是我国对外汉语教学摸索、试验并不断积累经验的经验型时期。1978 年以后为对外汉语教学的确立时期,也是自觉进行学科建设的时期,从理论和实践上探讨学科的规律并大力发展这一学科。之所以提出以 1978 年为分界线,首先是因为这一年中国共产党十一届三中全会提出了改革开放的路线,为我国经济、政治、文化教育等各项事业的发展掀开了新的一页,也为对外汉语教学事业的大发展创造了条件。其次是因为 1978 年是对外汉语教育学科发展的起点,这一年中国社会科学院召开的北京地区语言学科规划座谈会上,第一次提出把对外汉语教学"作为一个专门学科来研究"。这样才掀开了对外汉语教学的新篇章。

(一)对外汉语教学的形成时期

从 1950 年到 1978 年是我国对外汉语教学的形成时期,这个时期又可以分为三个阶段,分别是初创阶段、巩固阶段和恢复阶段。

1. 初创阶段（1950—1961）

1950 年,新中国迎来了第一批留学生,主要来自罗马尼亚、保加利亚、波兰、捷克斯洛伐克、匈牙利等东欧国家。对此,在周恩来总理亲自过问下,教育部清华大学成立了"东欧交换生中国语文专修班",1951 年初正式开课。留学生在专修班进行 1 ~ 2 年的汉语训练,然后转入其他大学学习其他专业。这样新中国外国留学生汉语预备教育拉开了帷幕。由于全国高等学校进行院系调整,"东欧交换生中国语文专修班"于 1952 年暑期转到北京大学,更名为"北京大学外国留学生中国语文专修班"。留学生的国别进一步扩大,增加了民主德国、苏联、蒙古、朝鲜、越南、阿尔巴尼亚、南斯拉夫等,后又有荷兰、意大利、加拿大、古巴等。20 世纪 50 年代到 60 年代初我国还迎来了大批来自欧洲和阿拉伯国家的学生,为对他们进行汉语教学,北京外国语学院于 1960 年 9 月成立了"非洲留学生办公室"。1961 年,分别设在北京大学和北京外国语学院的两个外国留学生教学机构合并为"北京外国语学院外国留学生办公室"。

另外,为特别迎接越南学生来华留学,1953—1957 年间,我国还在南宁开办了南宁育才学校附属中文学校,在广西桂林开办了专门培养越南汉语人才的"中国语文专修学校"。

到 1961 年,我国在校的外国留学生总数将近 500 人,从 1951 年到 1961 年共接收 60 多个国家的留学生 3 315 人,都是进行汉语预备教育。除了正规的学校教育外,其他形式的对外汉语教学,如对驻华外交人员的教学,函授或刊授教学,向国外派遣汉语教师以及国内培养对外汉语师资等工作都已先后开始。

在初创阶段,我国对外汉语教学的教学机构、师资队伍、预备教育体系等方面的建设都取得了一定的成绩,为我国对外汉语教学开了个好头。这一阶段的对外汉语教学特点主要体现为以下几点。

第一，我国对外汉语教学从一开始就注意区分对外国人进行的汉语教学与对本国人进行的母语文教学。对外汉语教学特别重视学习者对汉语语法、词汇基本知识的掌握，同时更强调汉语的实际应用，加大了听说读写基本技能的训练力度。

第二，在这一阶段，由于有很多知名的语言学家如吕叔湘、周祖谟、朱德熙等对对外汉语教学工作的积极支持和参与，使得我国对外汉语教学从一开始就具备了强大的研究汉语语言学的实力。多位著名语言学家在对外汉语教学事业和理论建设中发挥了巨大作用。

第三，第二次世界大战期间，我国著名语言学家赵元任先生在美国哈佛大学主持"军队特别训练课程中文部"的汉语教学，邓懿任助教。邓懿也亲自参与我国初期的对外汉语教学工作。1948年，邓懿回国后，在燕京大学国文系从事"华侨汉语"。20世纪40年代末，在英国剑桥大学从事汉语教学的王还先生，也是我国初期对外汉语教学工作的得力组织者和骨干教师。这为我国对外汉语教学从一开始就有了借鉴、汲取国外第二语言教学经验提供了可能，有了浓厚的国际背景。

应该看到，本阶段毕竟是初创阶段，人们对汉语作为第二语言教学规律的认识还有很大不足，在教学过程中明显存在过于注重语言知识特别是语法知识教学的倾向，忽视了对语言运用能力的培养。

2. 巩固阶段（1962—1966）

1962年6月，经国务院批准，北京外国语学院正式成立"外国留学生高等预备学校"①，负责各国留学生的汉语预备教育，以更好地促进对外汉语教学事业的发展。"外国留学生高等预备学校"的成立，结束了我国对外汉语教学依附于其他高等学校的情况，对外汉语教学有了本学科自己的、独立的、稳定的基地，我国对外汉语教学也由此开始进入巩固阶段。其他有留学生的一些

---

① 1965年改名为北京语言学院。

高等院校,如北京大学,仍继续进行留学生的汉语教学工作。

1965年,我国迎来了大批留学生,多达2 000名,为开展对他们的汉语预备教育的任务,从事对外汉语教学的单位由北京语言学院一所一下子扩展到20多所大学,包括北京大学、中国人民大学、北京师范大学、南开大学、复旦大学等。汉语作为外语教学达到空前规模。为更好地开展对外汉语教学工作,积累良好经验的北京语言学院还于1965年暑期为新从事对外汉语教学的20多所高等院校举办了培训班,极大地推动了后来对外汉语教学事业的发展。

为了加强各院校之间的交流,加速对外汉语教学信息的传播,北京语言学院于1965年下半年创办了《外国留学生基础汉语教学通讯》。这是我国第一份对外汉语教学的专业刊物。早在1962年,中国国际广播电台就创办了汉语教学节目。

巩固阶段持续的时间并不长,只有四年,但我国对外汉语教学还是呈现了迅速发展的良好势头,主要表现在以下两个方面。

第一,教学规模进一步扩大。1965年底我国在校的外国留学生总数为3 312人,是1961年在校人数的七倍多。1962—1966年间共接收外国留学生将近4 000名,超过了前11年的总和。

第二,在教学体系的建设方面,本阶段在巩固、发展汉语预备教育的同时,已着手试办汉语翻译专业。对外汉语教师的培养工作,也由于划归北京语言学院承担而得到进一步落实。更为重要的是,在教学法的研究方面开始对15年来所积累的经验以及长期以来争论的问题进行了总结。在这一阶段,特别是从1965年开始,受国外新教学法的影响,北京语言学院教学法改革的试验以及新教材的编写出现了蓬勃发展的新局面。

1966年开始爆发的"文化大革命"使我国陷入一场空前的浩劫,对外汉语教学事业也遭到了严重的摧残,到1972年前,全国的对外汉语教学几乎处于停滞状态。

3. 恢复阶段（1972—1978）

20 世纪 70 年代初，我国在联合国的合法席位得到了恢复，中日、中美邦交也开始正常化，我国国际地位由此上了一个新的台阶，很多国家要求向中国派遣留学生。这个阶段，虽然高考还未恢复，但国内一些高校已经开始陆陆续续恢复招生，对外汉语教学的恢复工作也开始提上日程。1972 年 6 月北方交通大学[①]首先接收了 200 名来自坦桑尼亚、赞比亚的留学生。1972 年 10 月，经周恩来总理的批示，北京语言学院开始恢复对外汉语教学工作。1973 年秋，北京语言学院开始接收外国留学生，共接收了将近 400 名来自 2 个国家的学生。随后，北京大学、复旦大学等院校也陆续恢复招生。同时，外交人员的汉语教学及广播汉语教学也都逐渐恢复。

由于"文化大革命"还没有结束，这个阶段对外汉语教学在硬件设施建设方面仍然面临着诸多的困难。即便如此，在广大教职员工的艰苦奋斗下，我国对外汉语教学事业仍取得了不小的成绩。1977 年，我国在校留学生总数为 1 217 人，从 1972 年到 1977 年间共接收留学生 2 266 名。在教学理论的研究方面，这一阶段提出了"实践第一"的观点，强调课堂实践必须为社会实践服务，并把实践性原则定为对外汉语教学的基本原则。与此同时，在新教材的编写中进行了句型教学的试验，在语言技能训练方面进行听说和读写两类课型分开教学的试验等。

总的来说，这一阶段的对外汉语教学事业发展道路曲折，但还是由小到大发展起来。应该看到，在主要从事语言预备教育的情况下，人们还缺乏学科意识，当时的对外汉语教学事业上还不可能致力于科学的、系统的学科建设。但是，这一时期对外汉语教学事业发展积累的经验还是十分宝贵的，这为以后的学科确立和学科建设奠定了基础。

---

① 2000 年 4 月，北方交通大学与北京电力高等专科学校合并，由铁道部划转教育部直属管理。2003 年，改名为"北京交通大学"。前身是 1909 年 9 月清政府在北平创办的邮传部铁路管理传习所。

（二）对外汉语教学的确立、建设时期

1978 年,党的十一届三中全会召开以后,国家政治气氛宽松起来,这也给对外汉语教学事业的发展提供了良好的外部条件。同时,对外汉语教学作为一门专门的学科也正式被提出并得到确认,这又成为学科发展的内部动力。这一时期,我国对外汉语教学属于确立、建设时期,具体又可分为 20 世纪 80 年代的初步发展阶段和 20 世纪 90 年代至今的加速发展阶段。

1. 初步发展阶段（20 世纪 80 年代）

20 世纪 80 年代初期,对外汉语教学的学科地位问题被正式提出。1984 年 12 月,时任教育部长何东昌在留学生工作会议报告中明确表示:"多年的事实证明,对外汉语教学已发展成为一门新的学科。"当时,国家教委颁布了学科专业目录,将"对外汉语"作为一门新的学科列入其中。这说明对外汉语教学作为一门学科的地位已经得到官方的确认。

这个阶段,对外汉语教学界也逐渐形成了科学研究之风,研究课题的涉及面和参加者的广泛性方面都是空前的。从 20 世纪 80 年代初开始,由于学科建设的开展,对外汉语教学界同仁的学科意识不断增强,激发了从事科研的极大积极性,对指导教学实践所急需的教学方法、教材和测试评估等方面的研究全面展开,还开始了后来一直延伸到 20 世纪 90 年代的文化与语言教学关系的大讨论,并加强了对国外的教学理论、习得理论和教学法流派的介绍与研究。

同时,这一阶段,学界开始从学科建设的高度对对外汉语教学进行宏观的、系统的研究,逐步建构了对外汉语教学的学科理论框架。这方面的研究最早是由北京语言大学教授吕必松先生开始的。在教学理论方面,他提出由四大部件组成、受三类变因影响的教学结构,提出总体设计理论与教学活动四大环节理论,从而首次构建了本学科的理论体系和教学理论体系。其中很多观点已为本学科的广大同仁认同,并进行充实、完善。

另外,在这一阶段,北京语言学院的语言教学研究所和语言信息处理研究所开展了对外汉语教学这一学科首批重大课题的研究,取得了很多成果,在对外汉语教学界、语言学界、语言教育界,以及国内外都产生了一定影响。

在教学法的研究方面,这一阶段还提出了"结构与功能相结合"的原则以及"交际性原则",并紧密结合教学的需要进行了全面的改革试验。

在这一阶段,对外汉语教学界本身为建设和发展对外汉语教学这一新的学科,从建立学术机构和学术阵地等方面积极创造条件。首先是成立了专门的学术团体和研究机构。1983年6月,"中国教育学会对外汉语教学研究会"成立,1988年从中国教育学会独立出来,名为"中国对外汉语教学学会",首任会长为吕必松,秘书处设在北京语言学院。1987年,第二届国际汉语教学讨论会在北京举行,会议期间各国共同协商,成立了"世界汉语教学学会",秘书处也设在北京语言学院,首任会长为朱德熙。1984年6月,北京语言学院成立了"语言教学研究所",成为我国第一个对外汉语教学的专门研究机构。1987年,北京语言学院又成立了"语言信息处理研究所"。其次,为推动学科的理论建设和教材建设,对外汉语教学界先后创办了专业性刊物。例如,1979年9月,北京语言学院将内部刊物《语言教学与研究》改为正式出版的季刊。1987年9月,世界汉语教学学会的会刊《世界汉语教学》正式创刊,由北京语言学院主办。这两个刊物的学术质量都很高,在当时国内外产生了广泛的影响。同年,北京语言学院还创办了普及性刊物《学汉语》,主要受众为外国留学生。

在对外汉语教师的培养方面,北京语言学院曾于1984年暑期举办恢复对外汉语教学以来的首次对外汉语教师培训班,1986年暑期又和美国俄亥俄州立大学联合举办了中美汉语教师培训班。1987年春,对外汉语教学研究会和北京大学联合举办了教学法培训班。为了使教师培训工作得以长期进行,北京语言学院从 1987 年起,每年举办数期教师培训班。1989 年,北京语言学院成立了世界汉语教学交流中心教师研修部,后经国家教委批准,改为对外汉语教师培训机构。这些机构都为对外汉语教师的培养做出了很大的贡献。

2. 加速发展阶段(20 世纪 90 年代至今)

20 世纪 90 年代至今是对外汉语教学的加速发展阶段,无论是在理论研究方面,还是实践教学方面都取得了不小的成绩。

20 世纪 90 年代,对外汉语教学学科的科学研究空前活跃,科研成果大量涌现,无论是学术论文、学术专著、教材还是研究课题,在量和质的方面都是空前的。特别是学科理论研究已突破早期主要集中于个别院校的状况,全国各对外汉语教学单位遍地开花。学术界如此活跃,很多国际性、全国性和地区性的学术研讨会、座谈会得以召开,其中,推动学科理论建设具有重大意义的包括 1992 年的"语言学习理论研究座谈会"、1994 年的"对外汉语教学定性、定位、定量问题座谈会"和 1997 年的"语言教育问题座谈会"。

在 20 世纪 80 年代学科建设全面展开的基础上,20 世纪 90 年代出现了理论研究深化的趋势。这主要体现在以下两个方面。第一,学界高度重视语言习得的研究,积极探讨汉语学习规律,使教学理论的研究建立在更为坚实的基础之上。特别是"语言学习理论研究座谈会",其对推动语言习得的研究产生了深远的影响。第二,教学理论的研究逐渐改变了纯语言学研究的路子,更自觉地汲取心理学、教育学、语言习得理论、社会学、文化学和跨文化交际学的理论成果,借鉴认知心理学、社会语言学、心理测量学、教育统计学等学科的研究方法,探讨体现学科特色的研究方向。

在深化理论研究的基础上,教学层面的应用研究也有了新的发展。在这一阶段,学界对教学原则的研究和总结,成为教学法研究的重点。特别是其中的"结构、功能、文化相结合"的原则,已成为带有中国特色的汉语作为第二语言教学的一项重要原则。

此外,20世纪90年代学科应用研究的另一个重点就是对教学活动进行科学化、规范化的研究。

从国家的重视程度上看,自1988年明确提出了"对外汉语教学是国家和民族的事业"后,国家有关部门加大了对对外汉语教学工作的支持力度,出台了一系列举措。1990年6月,国家教委主任签署了12号令,颁布了《对外汉语教师资格审定办法》。1992年9月,国家教委主任签署了21号令,颁布了《中国汉语水平考试(HSK)》,把HSK确立为国家级考试,后又成立了"国家汉语水平考试委员会"。1993年,中共中央、国务院颁布《中国教育改革和发展纲要》,明确提出要"大力加强对外汉语教学工作"。此后,"对外汉语"正式出现于我国学科、专业目录上。

20世纪90年代,对外汉语教学的学生规模和结构都有很大变化,来华学生数量猛增,层次提高。据教育部国际交流与合作司的统计,1996—1998年间,每年来华留学生人数都超过4万,其中85%的留学生的专业是学习汉语和中国文化。1998年的长期生中,学习本科以上课程的留学生占总数的67.66%。此外,很多非留学生的驻华外交使团及在华外资企业的人也积极进行汉语的学习。进入21世纪,每年来华留学生数量都屡创新高。根据教育部国际合作与交流司编的《2004来华留学生简明统计》《2005来华留学生简明统计》《2006来华留学生简明统计》《2007来华留学生简明统计》《2008来华留学生简明统计》,2004年、2005年、2006年、2007年、2008年、2009年来华留学生人数都在10万以上,特别是2009年突破了22万。根据《2014年度来华留学调查报告》的统计,截至2014年,来华留学人数达到了37.7万,创下了历史纪录。

留学生来源国、地区也进一步扩大,增加到180多个国家和地区。2014年,来华留学生源排名前十的国家为韩国、美国、泰国、俄罗斯、日本、印度尼西亚、印度、巴基斯坦、哈萨克斯坦、法国(图1-1)。这个排名里,7个生源国来自亚洲,1个生源国来自美洲,2个生源国来自欧洲。前十生源国家来华留学生数量占总来华学习人数的 54.05%。

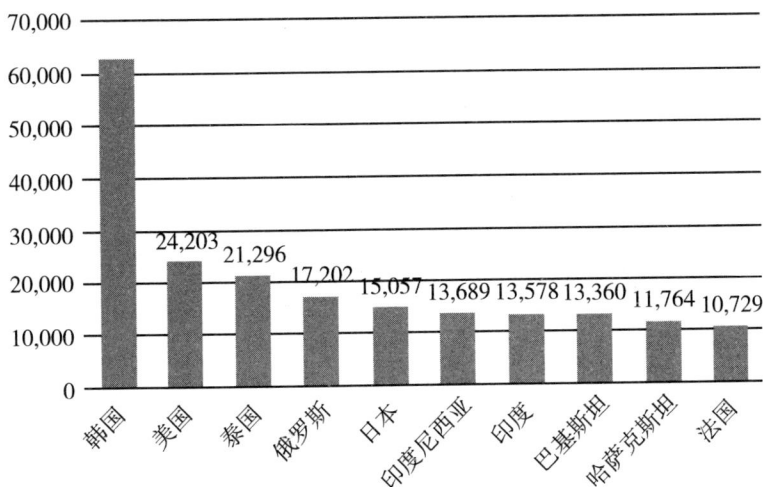

图 1-1

留学生的层次由语言预备教育延伸到本科、硕士和博士各个层次的学历教育。从 2005 年到 2014 年,来华留学学历生人数占比总人数从 31.79% 提升至 43.60%。10 年间,来华学习的学历生人数从 44 851 人增长至 164 394 人,增量接近 12 万,这说明中国高校学历教育正在逐步得到全球各国学生的认同。截至 2014 年,来华留学生学历生中,本专科学生占比为 71%,高端学历(硕士和博士)占比总和为 29%。2005 年至 2014 年,来华留学的本科生人数由 37 740 增长至 116 404 人。2005—2014 年间,来华攻读博士学位的学生数量增速稳定,始终保持在 17% 之上。截至 2014 年,来华攻读博士学位总人数达 59 798 人,占所有来华学历生人数的 7%。①

留学生所学专业、学科分布由语言类、中医类、农学类等少数学科扩展到文、史、哲、政、经、法、理、工、农、医等各个门类。不过,发达国家和发展中国家学生来华学习的需求有所不同,发达国家留学生更倾向于攻读非学历课程,而发展中国家留学生则倾向于攻读学位课程。根据《2014 年来华留学调查报告》,非日

① 相关数据均来自《2014 年来华留学调查报告》,中国教育在线。

韩亚洲国家来华留学生更青睐医学、工程、经济类专业,占比达
71.01%。非洲来华学生的求学目标主要是攻读学位,占比高达
84%。①

从对外汉语教学的渠道上看,为了应对对外汉语教学发展的
新形势,统一协调领导全国的对外汉语教学工作,国家成立了由
多个部委共同参与的对外汉语教学领导小组。如今对外汉语教
学领导小组(国家汉办)已经享誉海外。2007年,国家汉办成立
了孔子学院总部,此后,孔子学院在海外遍地开花,知名度、美誉
度都很高。孔子学院的教学因地制宜,没有统一的教学模式,接
收不同年龄层次、不同职业的人群,教学方式灵活多样,不拘一
格,真正做到了有教无类。孔子学院经常走进社区,组织有关中
国文化周活动,将语言教学与文化推介相结合。

从对外汉语教学的国际影响来看,很多国家如美国、加拿大、
日本、韩国、泰国、澳大利亚等都先后将汉语列为大学入学考试的
外语科目之一。有的国家还增设了专职的汉语教学督导,加强推
广、管理对外汉语教学。

随着来华留学生人数的增加,汉语教学在许多国家的外语教
学中的排位逐步提高,如在日本,汉语早已是仅次于英语的第二
大外语。汉语在韩国也成了第二大外语。在美国大学,汉语是所
有外语学生人数中增长幅度最大的语种。此外,有理论认为,汉
字学习有利于发展儿童智力,这使得一些国家将汉语选作儿童的
启蒙语言,汉语也因此进入幼儿、小学生的语言教学。

国内外汉语教学与研究的交流合作不断增强。如今,我国教
育部每年都公派汉语教师到国外任教,而通过其他各种途径尤其
是民间渠道在国外从事汉语教学的人则数不胜数。世界汉语教
学学会拥有来自多个国家和地区的千名会员,并举办了多届国际
汉语教学讨论会。此外,中国对外汉语教学学会与多个国家如美、
德、法、英、俄、日、韩等相应的中文或中国语学会建立了双边或多

① 相关数据均来自《2014年来华留学调查报告》,中国教育在线。

边的学术交流关系,并就教材编写方面展开合作。我国每年还邀请国外的汉教专家或汉学家访华作短期学术交流,常年举办各类培训班,对海内外汉语教师进行业务培训等。所有这些对外交流与合作活动,都极大地促进了我国对外汉语教学的发展,扩大了中国语言文化的影响。

第三节　对外汉语教学法的发展概况

一、20 世纪五六十年代的对外汉语教学方法

传统的对外汉语教学对学生的语言习得过程并不重视,更关注的是"教"和"学"的结果。如今,教育领域的一个重大突破就是从"教"转到了"学",因此,对外汉语教学也开始从知识性的教授转变为对汉语技能和交际能力的培养,从强调汉语学习的结果转移到了促进学生汉语学习的过程上。其实,这当中也就涉及对外汉语教学法的问题。对外汉语教学内容、目标确定后,人们最迫切的就是需要省时、省力的教学法。教学法需要一定的理论支撑,更需要教学实践经验的总结。因此,对外汉语教学法的发展与教学实践、教学理论密切相关。

20 世纪 50 年代,我国教育受苏联影响特别深,对外汉语教学也采用翻译讲授汉语言知识的方法。20 世纪 60 年代,我国对外汉语教学采用直接法的一些做法,并提出了实践性原则。有的学者认为,我国对外汉语教学在 20 世纪 50 年代用的是翻译法,20 世纪 60 年代用的是相对直接法。对此,学者李培元提出了不同的意见,他认为,从教学法的狭义概念来说,20 世纪 50 年代的对外汉语教学在一段时间内的讲授课使用的是翻译方法,但这只是笼统的说法。广义的教学法是为完成一定的教学目的所采取的一系列教学原则和方法的体系。因此,如果说 20 世纪 50 年代的对外汉语教学方法是翻译法,就很容易混淆广义的教学法体系

和狭义的具体教学方式的概念,这是不符合当时的教学实际的。有的文章里也曾经把 20 世纪 60 年代的教学法称为"相对直接法"。李培元认为,这是与 50 年代的教学法相对而言的。正如前面说的,把 20 世纪 50 年代的教学法概括为翻译法本身就是不恰当的,同理,把 20 世纪 60 年代的教学法称为相对直接法也不太准确。所谓相对直接法,指的是基础阶段前 7 周的课堂教学方法。从教学的全过程和广义教学法的概念来看,用相对直接法概括 20 世纪 60 年代的整个教学体系显然是不恰当的。李培元进一步提出,20 世纪 60 年代,我国对外汉语教学用的是以综合法为基础、以实践性原则为中心的教学法,这是在 20 世纪 50 年代所创造的良好经验基础上发展起来的。也就是说,20 世纪 50 年代和 60 年代对外汉语教学的基本思路是一样的。有所不同的是,在 20 世纪 60 年代提出了实践性的原则。

李培元把对外汉语教学法概括为"综合法",他还总结了 20 世纪 60 年代及此前所用的"综合法"的特点,这主要有以下几方面。

(1)在教学指导思想上明确了要博采各派教学法的长处。

(2)课程设置上,基础阶段只开一门融语音、语法、词汇为一体的综合课。

(3)基础阶段实行听说读写综合训练,不分技能训练。

二、20 世纪七八十年代的对外汉语教学方法

20 世纪 70 年代,我国对外汉语教学引进了句型教学法,但还保留了一些传统的做法。整体上而言,上面李培元所说的三个特点也并没有消失。

20 世纪 80 年代以后,提出了"结构与功能相结合"的原则以及"交际性原则",其中,功能法的一些教学原则被广泛使用,综合训练的统一局面也被打破。一些学者主张分技能训练,并在教学中付诸实施。此时,仍然保留传统的教学方法和句型教学法,还体现着浓厚的博采众长特点,教学法呈多元化局面。因而,有不

少学者认为,纵观 20 世纪 50 年来的对外汉语教学,博采众长、不独法一家已然成为传统,是对外汉语教学法的显著特点。对此,也有不同意见。一种意见认为,博采众长是对外汉语教学的优良传统。实践证明,这在教学中是有效的,也是符合教学实际的,并且万能的教学法是不存在的。另一些学者则认为,所谓"综合法",就是没有法;博采众长,就是没有自己的独特主张。有人主张应该独法一家,把认为科学有效的教学法在教学中贯彻到底。

从近几十年的情况来看,西方语言教学法的主流是以功能为纲的交际法,后又有重视结构、回归语法的趋势,逐渐走向综合。注重语言结构教学也得到广泛的认可。在世界第二语言教学潮流中,对外汉语教学法总体上是以结构为中心的综合法,并一直处于主流地位,且在不断完善之中。

三、现行的对外汉语教学方法

对外汉语的教学目前究竟用的是什么教学法,在学界也没有取得共识。从目前的实际情况来看,比较明智的态度就是博采众长、不独法一家。现有的所有教学法都只是部分地反映语言学习和语言教学规律,也只是部分地适合于某种教学,显然不存在一种完美无缺的教学法,也没有一种教学法是一无是处的,不应该被完全否定。使用教学法是为了达到教学目的。目的应该明确,而手段可以选择。凡是有利于达到教学目的的方法和手段都可以用,也应该用。不能为教学法而采用教学法,更不能只为了教学法体系的完整性而拒绝别的教学法的长处。由于教学规律的复杂性和教学类型的多样性,教学法也应该具有多样性。我国的对外汉语教学从一开始就主张博采众长,教学实践证明这样做是符合对外汉语教学实际的。学界都希望能创建符合对外汉语教学规律的教学法体系。经过长期的努力,这一工作已经取得了一定的成果。但要建立起一个独立的、科学的对外汉语教学法体系还要进一步努力。这可从以下几方面入手。

（一）进一步了解和介绍国外外语教学法

20世纪五六十年代,我国处于封闭状态,对外交流很少,因此对西方的教学法也知道得很少。虽然后来逐渐引进了直接教学法(实际上是听说法),但所掌握的介绍材料也不详实,因此一般教师也无从了解其详细内容。20世纪70年代,我国引进了句型教学法、功能法等,但对西方的语言教学方法理论体系也是不甚了了。20世纪80年代以后,我国翻译了不少的外语教学法专著,国内学者也撰写了一些介绍外语教学法的专著,但是所参考的资料仍然不足、不系统、不全面,因此也就无法全面了解国外外语教学法。对此,我国首先要加强对国外外语教学法的了解和介绍,组织力量搜集资料,然后有计划地翻译过来。

（二）加强对国外外语教学法的研究和消化

在了解国外外语教学法的情况之后还要进行深入的研究。研究其理论基础、教学思想、教学原则、教学手段和方法,分析其优点和不足,然后才能取其长、补其短。要真正做到取其长、补其短,还要结合实际进行消化,把国外理论体系中的合理成分真正理解之后变成自己的东西,再结合实际运用到教学实践中去。所以说,对国外外语教学法的运用,要有一个研究、消化的过程。但在我国的教学历史上,学者和教师们对待国外外语教学的态度常常表现得很浮躁、武断,一旦获知某种新的教学法(也许实际上还不是什么新的教学法)就急于全盘肯定或否定,在没有全面了解的情况下就急于应用。在编写教材时,浮躁情绪也比较严重。对一种教材没有深入研究,就轻易否定;在教学思想、教学对象和教学目的还没有搞清楚之前,就匆匆忙忙开始编写新的教材,还冠以某某法。这就导致教材的编写一直处在"编写—否定—再编写—再否定"的循环过程,而且是在同一水平上的重复。因此,对国外外语教学法的深入研究和认真消化是十分重要的。

（三）更加全面、系统地进行研究

在汉语作为第二语言教学中,综合教学法一直处于主导地位。因此应该更加全面、系统地对对外汉语教学法进行研究,尤其是研究综合法,找出存在的问题,以便不断改进和创新。周流溪主编的《中国中学英语教育百科全书》这样介绍综合法:"……源于科学综合法的任何方法都来自:用科学语言学和人类学的观点对一般语言现象和所教语言所进行的分析;用心理语言学的观点对第二语言学习过程所进行的分析;对所学语言课程要达到的特殊目标的规定;外语教学中的有关教学经验的一般理论和实验的结果。"对外汉语教学综合法是在全面深刻地认识第二语言教学的本质和特点的基础上,抽取当中的一些有影响的教学法中的某些理论和原则,进行优化组合、重新组织,并结合汉语的特点,特别是汉字的特点,注入新的成分之后生成了带有新质成分的教学法体系。

值得注意的是,综合教学法仅是语言教学法之一,在汉语作为第二语言教学中,教师应该选择怎样的教学法,则因时、因地、因人、因教学内容而定。

第四节 对外汉语教学目标的设计与编写

一、对外汉语教学目标的组成和描述方式

（一）对外汉语教学目标的组成

以往的对外汉语教学是把教学目标局限在语言(语音、词汇、语法、篇章等)、文化方面,这无可厚非。但如果把语言教学作为教育的一部分,可以将视角放得更开阔一些。布鲁姆等人认为教学目标可分为认知、动作技能和情感三个领域,每个领域又有若

干层级目。据此,崔永华认为可以从认知、汉语技能以及情感三个领域的学习掌握水平描述汉语学习目标(表1-1)。

表1-1　汉语教学各领域的教学目标分类

领域项目 ＼ 序号	1	2	3	4	5
认知领域	记忆	理解	简单应用	综合运用	创见
汉语技能领域	感知	理解	模仿	熟巧	运用
情感领域	接受	思考	兴趣	热爱	品格形成

从预设目标的角度看,不同课型的汉语课堂教学活动设计所应突出的教学目标领域是不同的。例如,综合课的课堂教学活动设计可以在兼顾策略和文化意识的基础上,突出语言知识和语言综合技能的教学目标;文化类课程的课堂教学活动设计则应在兼顾语言知识、技能和策略的基础上,重点突出文化意识的教学目标;口语、听力、阅读和写作等分技能课型的课堂教学活动设计应在兼顾语言知识和文化意识的基础上,突出各种相关语言技能和策略的教学目标。另外,设定教学目标时,教师还需要在突出重点的基础上,注意它们之间的相互渗透和协同作用。

（二）对外汉语教学目标的描述方式

教学目标的描述通常依据课程大纲和教材的要求,例如,按照《国际汉语教学通用课程大纲》,把教学目标定在语言知识、语言技能、策略、文化意识四个方面,然后按照教材的内容和要求描述每一课的具体的教学目标。

按照教育学的理论,一个清楚的教学目标描述应该包括四个部分:对象、行为、条件和标准,即学习者在学习后能够做什么。首先,要尽量使用可观测到的词语,例如,"能写一张请假条""能叙述自己的一天"等。其次,应指出条件,即行为发生在什么条件下,比如,"小组成员互相帮助完成……""在黑板上写出……"等。最后,规定标准或程度,即达到教学目标的最低水准,比如,"回答的正确率在80％以上"，"要写清楚事情发生的时间、地点、任务和过程"等。

二、对外汉语教学目标的设计

一般来说，对外汉语教学目标的设计，要注意目标的系统性、层级性，同时又不失灵活性，而且还要具有可操作性。

（一）注意教学目标的系统性

对外汉语教学目标是由五个不同级别的教学目标构成的有序系统，这五个不同级别的教学目标为：对外汉语学科总目标、课程目标、学段教学目标、单元教学目标、课时教学目标，其逻辑关系如图1-2所示。

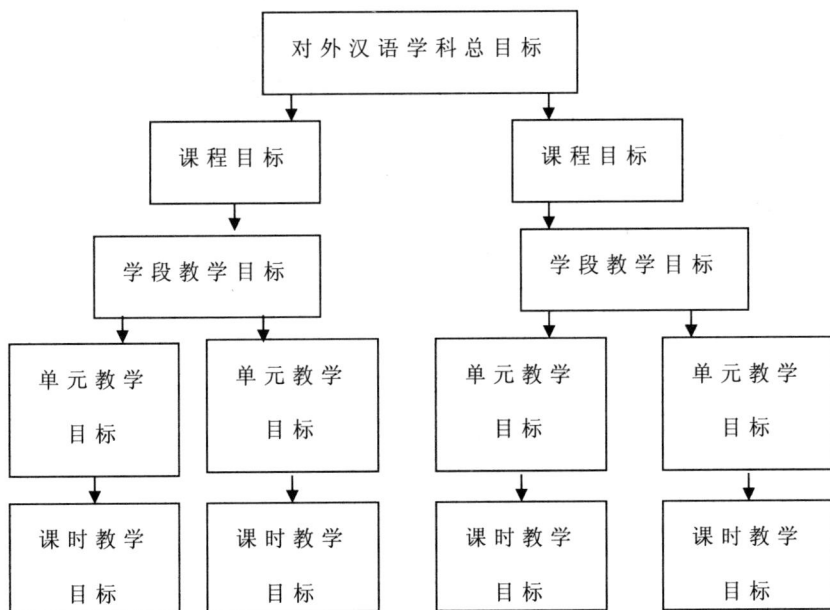

图 1-2

1. 对外汉语学科总目标

对外汉语教学的学科总目标指的是对外汉语教学过程所要达到的最终结果，也就是培养将汉语作为第二语言的学习者的跨文化交际能力。一般来说,学科总目标只从整体上、宏观上规定了教学内容、过程及其质量标准。教师无论承担哪一阶段的教学任务,教哪一门课程,都应明确最终目标。不过学科总目标主要是由国家教育主管部门组成的有关专家来制定的。

学科总目标下位目标可以依据具体内容层层设立,如课程、学段、单元、课时的分目标。各分目标层设立的目标应当是总目标的层层细化。当然,教学实施过程是一个复杂的系统工程,在总目标下的各分目标层中目标的设定也并不是一成不变的,可依据教学类型(如短期教学、速成教学等)设定,可依据教学时间(如4周、6周、8周等)设定,可依据学习要求(比如听、说、读、写)设定等。现在以国家汉办组织编写的《高等学校外国留学生汉语教学大纲》关于短期强化类教学和长期进修类教学为底本,进一步扩展图1-2,将其具体模拟为图1-3。

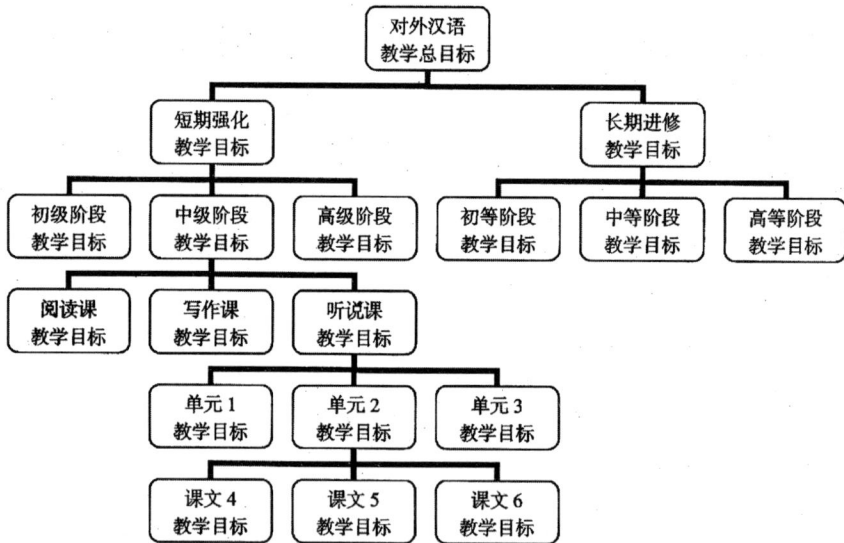

图1-3

2.课程目标

学科总目标需要通过课程来实现。对外汉语教学的每一门课程都有自己的具体要求,进而提出对应的目标,如基础阶段综合课和听力课、阅读课的课程目标是不一样的。因此,教师应明确自己所承担的课程目标。一般来说,课程目标也不是由教师制定的,而是由国家和各级学校的课程专家来制定的。

3. 学段教学目标

在对外汉语教学中,明确了课程目标之后,就要开始考虑每门课程所要花费的时间,于是提出了学段教学目标。在对外汉语教学中,一门课程的教学时间通常为一年或者半年,因此学段教学目标通常说的就是学年教学目标和学期教学目标。学段教学目标是在学科总目标和课程目标的框架下设计的,并要结合学生的特点。在一年或一个学期后,学生应该达到什么样的水平,具备怎样的能力。对于学段教学目标来说,最后都要落实在学期上,因此教师要非常明确自己在某个学期里的学期目标。同样,学段教学目标也不是由教师自己制定的,而是由学院组织专门的研究人员和有关专家进行制定的。

4. 单元教学目标

明确对外汉语教学的学期目标后,就要考虑学期内的教学内容由几个单元构成,然后设计单元教学目标。在对外汉语教学领域,有的课程没有严格意义上的单元内容,尤其是在基础阶段,但可以将具有同类意义或功能的内容划为一个单元,如语音、语法、句型、短文,而且还可以在这些单元里进行细分。例如,语音单元再划分成韵母、声母、轻音、儿化音等;句型单元中再划分成"被"字句单元、"把"字句单元等。一般来说,单元目标是由系主任、教研室主任和优秀教师来制定的。

5. 课时教学目标

明确对外汉语教学的单元教学目标后,就要考虑课时教学目标了。实际上,课时教学目标就是单元教学目标的落实和具体化。一般而言,课时教学目标规定的是一堂课应达到的结果,因而它在内容方面更加具体,应该更具有可操作性、及时性、灵活性。即便如此,要确定课时教学目标,教师仍必须要从整体着眼,从整个教学目标出发,在逐渐明确各级教学目标的基础上把握设计课时教学目标。一般来说,课时教学目标是由任课教师来制定的。

在对外汉语教学目标系统里,各个级别目标之间,一方面是一种包含关系与被包含的关系,即上位目标包含了下位目标;另一方面又是一种递进关系,也就是通过若干个低级别教学目标的贯彻实施可以实现一个更高级别的教学目标。

(二)处理好教学目标的层级性

对外汉语教学活动的开展是循序渐进的,它是以学年、学期为单位加以组织与实施,因而要达到教学的最终目标是不能一蹴而就的,不能期望学习者一下子就达到。对此,对外汉语教学目标的设计应该要处理好层级性。通常来说,对外汉语教学目标层级的划分是以学习内容分析的结果为基础的,学习内容分析得愈细致,教学目标层级的确定就愈简单。反过来,通过对教学目标层级的划分,亦可进一步补充学习内容分析的结果。

(三)把握好教学目标的灵活性

考虑到学习者的学习基础和学习能力存在着一定的差异,在进行对外汉语教学目标的设计时,要注意具有一定的灵活性。教师要认真钻研,在教材中区分出哪些是最低限度大纲要求的教学材料,哪些是基本教学材料,哪些是加深的教学材料,然后制定出灵活而富有弹性的对外汉语教学目标。一般来说,与大纲所提出的最低限度要求相符合,是达到合格水平的目标;与大纲所提出的各种基本要求相符合,是达到中等以上水平的目标;与大纲所提出的最高要求相符合或是超出大纲所提出的最高要求,是达到优秀水平的标准。总的来说,对外汉语教学目标的设计一定要有一定的弹性,让学生有一定的目标选择余地。要使学生明确教学目标的下限,同时制定教学目标的上限,使学有余力的学生能够充分发挥自己的潜力。

（四）注重教学目标的可操作性

对外汉语设计的教学目标应该是具体的、可观察、可测量的，其描述的词语要明确、具体，要尽量避免含糊不清的用语。

三、对外汉语教学目标的编写

（一）教学目标的编写方法

关于教学目标的编写方法，即如何描写教学目标，人们提出了不同的方法。其中，常被用到的是加涅提出的"五要素目标表述法"和建立在马杰描述方法基础上的"ABCD 法"。

1. "五要素目标表述法"

加涅认为学业行为目标中必须包含学业行为的情境、习得能力的类型、学业行为的对象、运用习得能力的具体行为和与学业行为有关的工具、条件或限制，这就是"五要素目标"表述法。

对于如何用"五要素目标表述法"编写教学目标，加涅给出了一些例子。

（1）辨别目标

【情境】给予字母 b 的示例和指导语：要求从包含 d、p、b 和 q 的一系列字母中挑出看上去和 b 一样的字母，通过【行动】圈出【对象】以示解【LCV】辨别。这里所说的"LCV"指的是表示学习类型的动词。

（2）具体概念目标

【情境】给予一套共 10 张腹部 X 射线底片，通过【行动】用蜡笔圈出以【LCV】识别【对象】底片上的胆囊。

（3）定义性概念目标

【情境】给出一些关于线的实例的描绘，其中有的表示区域的范围,有的不是,通过【行动】挑选那些符合定义的线以对【对象】边界【LCV】分类。

（4）规则目标

【情境】给出10道需要短除法的算式,【行动】通过写出答案以【LCV】演示【对象】除法,【工具和限制】在无特殊帮助下,达到90%的正确率。

（5）问题解决目标

【情境】给出对一个操场上一项建筑工程的描述,【LCV】生成【对象】一个对工程所需时间和施工人数之间关系的表达式以便【行动】向老师口头解释规则。

（6）认知策略目标

【情境】给予有10个要被熟记的项目表,【LCV】采用【对象】关键字记忆术法,不用其他机械帮助,在30秒内【行动】熟记这一项目表,并且至少保持49个小时。

（7）言语信息目标

【情境】给予一个口头问题,【限制】在无参考材料的情况下通过【行动】"口述"或"写出",【LCV】陈述【对象】美国内战的三个起因。

（8）动作技能目标

【情境】从一个游泳池的三米跳板上【限制】以流畅、连贯的动作【行动】跳水,【限制】垂直入水,以此来【LCV】执行【对象】屈体跳水。

（9）态度目标

【情境】当同伴在吸毒时,做出【行动】拒绝【对象】别人提供的毒品的【LCV】选择。

2."ABCD法"

"ABCD法"是由行为观代表马杰提出的"三要素"(一个教学目标应包括行为、条件和标准三个基本要素)发展来的,又称为ABCD表述法。A指的是对象(Audience),即阐明教学对象;

B 指的是行为(Behavior),即说明学习者通过学习以后应能做什么(行为的变化);C 指的是条件(Condition),即说明上述行为在什么条件下产生,为引起行为的产生而提供什么刺激和刺激的数量等问题明确性的因素;D 指的是标准(Degree),即规定达到上述行为的最低标准(达到所要求行为的程度)。例如,一个运用 ABCD 方法表述的教学目标例句:"通过学习毛笔的特征后,学生能以 95% 的准确度,从课本上的图中辨认出哪些是毛笔。"其中,行为主体是"学生",行为是"辨认毛笔",条件是"课本的图中",标准是"达到 95% 的准确度"。

当前,教育界仍然采用马杰的行为、条件和标准的三要素模式进行教学目标的编写,因为这种方法编写的学习目标明确具体,能清楚地告诉人们,学生将获得的能力具体是什么,如何观察和测量这种能力。

（二）对外汉语教学目标的编写

在编写对外汉语教学目标时,要注意在横向上对教学目标进行分类,在纵向上对教学目标进行分层。对外汉语教学目标不仅有类型之分,而且有层次之别。因此,要依据教学目标分类理论,综合考虑学生的水平和教学内容的难易程度,对对外汉语教学目标进行分类、分层设置。

依据布鲁姆、加涅等人的理论,结合对外汉语学科的特点,可以在设置对外汉语教学目标时将其分为认知领域、技能领域、情感领域、学习策略,且每一类型还要有不同的层次。

第二章　新时期对外汉语教学实践的具体内容

对于任何一种语言来说,都包含有语音、词汇和语法三个要素。此外,有不少语言除了包含以上三个要素外,还包含有文字这一重要的要素,汉语就是其中之一。汉语是一种有着众多使用人数的语言,在发展的过程中形成了独具特色的语言、词汇、语法和文字,而且蕴含着丰富的中华民族的历史文化知识。因此,在进行对外汉语教学时,需要围绕语音、词汇、语法、汉字和文化等内容来进行。在本章内容中,将对对外汉语的语音教学、词汇教学、语法教学、汉字教学和文化教学进行详细阐述。

第一节　对外汉语语音教学活动

在对外汉语教学中,最为基础的一项内容便是语音教学,它对于对外汉语学生的听、说、读、写技能和社交能力的培养具有重要的作用。

一、对外汉语语音教学的重要性

在对外汉语教学中,语音教学有着十分重要的意义,具体来说表现在以下两个方面。

（一）有助于对外汉语学生更好地学习汉语

对外汉语学生在学习汉语时,首先需要从语音学习开始。这是因为,语音学习是对外汉语学生学习汉语的重要基础,只有将语音学好了,才能更好地学习对外汉语的词汇、语法、汉字等。也就是说,对外汉语语音教学能够帮助对外汉语学生更好地学习对外汉语。

（二）有助于培养对外汉语学生的口语交际能力

凡是学过外语的人都会有这样的体会：发音的好坏、是否标准等会对表达和理解产生重要影响。一般而言,发音不好、不标准的人,其在进行口语表达时也不可能很流利,或是虽然说得很流利但别人听不懂。而且发音不好、不标准的人,往往难以准确理解他人的话。这都会对实际的口语交际产生不利影响,甚至导致口语交际无法进行。因此,在进行对外汉语教学时,首先需要进行语音教学,以便对外汉语学生学会准确的发音,从而更好地进行口语交际。

二、对外汉语语音教学的原则

对外汉语教学的目的主要有三个：一是使对外汉语学生掌握汉语语音的基础知识；二是使对外汉语学生掌握汉语普通话的正确发音；三是使对外汉语学生形成良好的汉语交际能力。而要有效实现对外汉语语音教学的这些目的,就需要在进行具体的对外汉语语音教学时需要遵循一定的原则。具体来说,对外汉语语音教学的原则主要有以下几个。

（一）针对性原则

对外汉语语音教学的针对性原则,指的是教师在进行对外汉语语音教学时,要在对汉语语音知识进行系统、准确把握的基础上,以对外汉语学生的特点、汉语语音学习的难点等为依据,制定出科学、合理的教学方案。

举例来说,汉语普通话中一共有 21 个声母,有的音节没有声母,这样的音节叫作零声母音节。如果加上零声母,汉语普通话一共有 22 个声母。在进行对外汉语声母教学时,不能对所有的声母花费相同的时间进行教学,而是应把握一些重点,如 zh 组声母与 j 组声母的教学、h[x] 声母与 f[f] 声母的教学、声母的清浊音与送气不送气的教学等。

（二）直观性原则

据相关研究表明,人们对于外界信息的获得,有大约 80% ~ 90% 是借助于眼睛,只有 10% 左右是借助于耳朵。由此可以知道,在进行对外语音教学时,最好采用有较强直观性的教学方式,以便学生在学习语音时能够调动起眼、耳、口等多种感觉器官。此外,教师在进行对外汉语语音教学时,要注意运用直观性的手段如实物、演示、图片、幻灯片等以及形象化的语言、表情等直观手段来引导学生对语音进行充分感知。

（三）实践性原则

对外汉语语音教学的实践性原则,指的是在教师进行对外汉语语音教学时,要合理安排课堂教学与具体实践的比例,以保证对外汉语学生有充足的语音实践机会,进而在实践中形成正确的发音,养成良好的发音习惯。

（四）对比性原则

对比在对外汉语教学特别是语音教学中有着极其重要的作用,强烈、鲜明的对比往往能给对外汉语学生留下深刻的印象,使其更好地掌握、理解和记忆,进而获得事半功倍的效果。因此,在进行对外汉语语音教学时,要注意遵循对比性原则,即将汉语语音与对外汉语学生的母语或其他语言的语音进行对比。

举例来说,汉语的韵母 u 跟日语ウ的发音比较接近;汉语的四个声调有的跟越南语声调接近但实际上是不同的。对这些语音项目,需要在教学初始就让学习者掌握正确的发音,不要把母语直接搬过来。

（五）情感激励性原则

对于对外汉语学生来说,发音的好坏会对其自我评价和自我形象产生重要的影响。当其能够较好地发音时,其自信心会得到有效增强,自我形象也会得到提高,继而产生一定的成就感。因此,在进行对外汉语语音教学时,要充分考虑到对外汉语学生的深层情感因素,也就是说,对外汉语语音教学要遵循情感激励性原则。

（六）趣味性原则

从总体上来说,对外汉语语音教学是较为枯燥的,很容易使对外汉语学生产生厌倦情绪。因此,在进行对外汉语语音教学时,要尽可能以对外汉语学生的国籍、认知水平、知识水平等为依据,提供有较强的趣味性的教学内容和教学活动,以便将对外汉语学生的学习兴趣和学习动机真正激发出来。也就是说,在进行对外汉语语音教学时,要坚持趣味性原则。

（七）持续性原则

对于对外汉语学生来说,想在短时间内掌握汉语语音是几乎不可能的。原因在于,对外汉语语音的学习贯穿于对外汉语学生的整个学习过程之中,甚至贯穿于对外汉语学生的终身。这就要求,在进行对外汉语教学时,要注意遵循持续性原则。

三、对外汉语语音教学的思路

对外汉语的语音系统本身是较为复杂的,而且在进行对外汉语语音的教学安排时会受到一定的限制。在其影响下,人们对对外汉语语音教学产生了两种不同的认识和价值取向,从而使对外汉语语音教学也形成了两种不同的思路,即音素教学和语流教学。

（一）音素教学

音素教学就是"语音训练从汉语单字的音素（声母、韵母）以及声调的单项训练开始，逐步过渡到词组、句子和会话练习"①。

在对外汉语教学实践中，通常都是在教学刚开始时安排一个10天到两周的语音教学阶段，对汉语声韵调系统进行有计划的集中训练，以便对外汉语学生能够有专门的一段时间来掌握汉语的声母、韵母和声调，并能够对《汉语拼音方案》较为熟悉。这既有助于对外汉语学生对语音进行系统学习，也有助于对对外汉语学习打好语音学习甚至是语法学习、词汇学习等的基础。

近年来，音素教学越来越受到质疑。有不少学者认为，音素教学不注重交际性，不利于使对外汉语学生形成良好的社会交际能力。也有一些学者认为，对外汉语音素教学是十分艰苦的，难以预见成果，且无法全面提高对外汉语学生的语音能力。因此，对外汉语语音教学的音素教学这一思路有待进一步改进。

（二）语流教学

所谓语流教学，就是在进行对外汉语语音教学时从句子入手，进而在会话练习中对音素进行学习。因此，在语流教学中，不会对语音进行集中教学与练习，而是在教学开始时对《汉语拼音方案》用较短的时间进行简单的介绍，并快速地过一遍声母、韵母和声调，然后将语音教学与语法教学、词汇教学等进行结合，以便在整个对外汉语教学过程中借助于语流对语音进行学习。

由于对外汉语语音的语流教学思路在具体实施时，存在着很多难以把握的因素，也有着不少操作上的困难，因而至今还存在不少的争议。

就当前来说，在进行对外汉语语音教学时，最好将音素教学与语流教学这两种思路进行有机融合。原因在于，单纯的音素教

---

① 赵金铭：《对外汉语教学概论》，北京：商务印书馆，2004年，第364页。

学是无法使对外汉语语音教学的目的真正实现的,而语流教学若是没有音素教学的支持,则无法得到有效落实。

四、对外汉语语音教学的方法

在对外汉语语音教学的长期实践中,形成了一些有效的方法,具体来说有以下几个。

（一）模仿法

在对外汉语语音教学中,模仿法是一种最基本且十分有效的教学方法。而在进行发音模仿时,既可以直接进行模仿,也可以在理解的基础上进行模仿。此外,在进行发音模仿时,既可以采用集体模仿的形式,也可以采用个别模仿的形式。

1. 集体模仿

所谓集体模仿,就是全班或是一部分学生对教师的发音或是录音一起进行重复。

（1）集体模仿的优点

在进行对外汉语语音教学时,运用集体模仿的形式,既有助于所有的学生都开口进行发音,也能确保学生在发音时不会产生紧张感。

（2）集体模仿的缺点

在进行对外汉语语音教学时,运用集体模仿的形式,教师往往难以听清每个学生的发音,也就不容易发现问题,更无法针对不同学生的实际问题进行有针对性的教学。

2. 个别模仿

所谓个别模仿,就是学生对教师的发音或是录音单个地进行模仿。

（1）个别模仿的优点

在进行对外汉语语音教学时,运用个别模仿的形式,具有两个优点。第一,能够使教师较为容易地对每个学生的发音情况进行了解,进而有针对性地进行指导与纠正。第二,能够使其他学生进行听力练习,进而更好地掌握语音。

（2）个别模仿的缺点

在进行对外汉语语音教学时,运用个别模仿的形式,学生往往容易紧张。因此,教师要注意采取一定的措施使学生的紧张情绪减轻或消失。

当然,教师在运用模仿法进行对外汉语语音教学时,还可以将个别模仿与集体模仿结合起来。需要注意的是,在对外汉语学生模仿的过程中,教师不可对学生的错误发音进行模仿,以防给初学语音的学生造成辨音的混乱。而且教师要严格要求学生的每一模仿,绝不能差不多,以防学生形成不正确的发音习惯。

（二）夸张法

对外汉语语音教学的夸张法,就是教师在对发音的部位、发音的方法进行展示时适当地运用夸张的方法,以加强学生的印象。一般而言,运用夸张法进行对外汉语语音教学,可以使不同音素、不同声调间的区别加以扩大,从而帮助学生更好地理解语音、更加正确地模仿发音。例如,轻声音节具有轻而短促的特征,在进行发音时就可以适当对这一特征进行放大,以便学生更好地掌握轻声音节。

（三）直观法

对外汉语语音教学的直观法,就是教师借助于直观的材料、形象的板书等对发音的部位和发音的方法进行展示。例如,教师可以借助于发音器官图,对发音的部位进行讲解、对发言的原理进行说明。

（四）对比法

对外汉语语音教学的对比法,就是教师在进行语音教学时注意将两个音或两组音进行对比,或是将汉语的语音与学生母语的语音进行对比。

举例来说,在教母语是泰语的对外汉语学生学习汉语的声调时,应注意泰语的声调有五个,汉语的阴平、阳平、去声在泰语里都有相同或相似的调型,因而学习起来并不困难,稍微有点难的是上声。不过,泰语的第二声跟汉语半上声相似,因而只要利用泰语的第二声,再将声调稍微升高一点,就变成了汉语的上声了。

（五）带音法

对外汉语语音教学的带音法,就是借助于一个已学过的发音部位相似的音素,带出需要学习的新音素。例如,ü 这个音在很多语言中都不存在,因而对外汉语学生在初学发音时会比较困难。但是,ü 是一个前高圆唇元音,和它发音部位完全相同的还有一个不圆唇的元音i,而i对绝大多数对外汉语学生来说都很容易,因此可以用易发的i来带出比较难发的 ü。具体的方法是延长 i 的发音,然后保持舌位不动,将嘴唇逐渐由扁变圆即可发出 ü 这个音。

五、对外汉语语音教学的技巧

在长期的对外汉语语音教学中,广大的对外汉语教师经过自己的实践,总结出了一些有用的教学技巧,具体如下。

（一）要合理地安排教学顺序

当前,很多的对外汉语教材都是以《汉语拼音方案》为依据安排教学顺序的。这样的教学顺序安排,未遵循由易到难的顺序,不利于对外汉语学生更好地学习和掌握语音。因此,在今后进行具体的对外汉语语音教学时,要切实遵循由易到难的顺序对学习顺序进行安排。

（二）要注意分阶段进行教学

在进行对外汉语语音教学时,要首先进行音位教学,然后进行音节教学,最后进行音节组合教学。也就是说,要分阶段进行对外汉语语音教学,以便对外汉语学生更好地理解和掌握语音。

这里需要特别指出的一点是,对外汉语语音教学的阶段划分并不是绝对的,实际上在对外汉语教学的各个阶段都需要对"音位—音节—音节组合"予以重视,只不过在侧重点上有所差异。

（三）要有针对性地进行语音训练

对外汉语学生来自不同的国家、拥有不同的母语,在语音特点方面会存在较大差异。例如,日本学生常常混淆送气音与不送气音;印度学生容易把唇齿轻擦音 f 发成双唇音;韩国学生容易把 u 发成 [wi] 等。之所以会出现这样的情况,主要是受到了他们母语语音的影响。因此,在进行具体的对外汉语语音教学时,要注意以对外汉语学生的语音特点为依据,进行有针对性的训练,以使其更好地对汉语语音进行掌握。

第二节　对外汉语词汇教学活动

在对外汉语教学系统中,词汇教学是一个极为基础的环节,在提高对外汉语学生的汉语理解能力和表达能力方面起着基础性和关键性的作用。

一、对外汉语词汇教学的目的

对外汉语词汇教学的目的,最根本的便是培养对外汉语学生的识词、辨词和选词用词的能力。

（一）培养对外汉语学生的识词能力

通常而言，对外汉语学生只有形成了良好的识词能力，才能更深入地学习词汇。这里所说的识词能力，主要包含以下两个方面的内容。

第一，让对外汉语学生能够对汉语词汇的音、形、义进行识记。

第二，让对外汉语学生能够在汉语不分词的书面语表达形式下熟练地对语素、词和短语进行区分。

（二）培养对外汉语学生的辨词能力

对于对外汉语学生来说，只有形成了良好的辨词能力，才能在以后更为容易地选词用词、组词造句。这里所说的辨词能力，概括来说就是让对外汉语学生能够对汉语词语在音、形、义各方面的联系与区别进行准确把握，具体来说包括以下两个方面。

第一，让对外汉语学生能够对同音词、同形词、同义词、多义词的概念、意义、句法功能、附加色彩的异同进行准确把握。

第二，让对外汉语学生能够将汉语词语与本国母语的对应词语相联系，并能对其异同进行准确把握。

（三）培养对外汉语学生的选词用词能力

对于对外汉语学生来说，形成良好的选词用词能力也是十分重要的。而这里所说的选词用词能力，就是让对外汉语学生能够以场合以及自身需要为依据，从汉语的语义表现、语用得体等方面，科学、正确地选用汉语词汇，并能将其运用于遣词造句中，最终完成汉语交际的目的的一种能力。

二、对外汉语词汇教学的原则

在进行对外汉语词汇教学时，要想实现最终的目的，就需要切实遵循一定的原则。具体来说,对外汉语词汇教学的原则主要有以下几个。

（一）层级性原则

对外汉语词汇教学的层级性原则,就是教师在具体的词汇教学过程中,要以学生的实际水平为依据,选择难度适宜、数量适当、使用频率合适的词语进行教学,切不可不顾学生的实际水平教授其难以理解的词语。

举例来说,《汉语水平词汇与汉字等级大纲》在总结多年对外汉语语言教学经验和前人对汉语词汇量分级的基础上,提出了对外汉语教学词汇的四个等级,即 1 000 个、3 000 个、5 000 个和8 000 个。其中,1 000 个最常用词是对外汉语教学为了满足旅游和最起码的生活需要的词汇量界标;3 000 个是初级汉语水平者划分标准;5 000 个是中级汉语水平者的划分标准;8 000 个是高级汉语水平者的划分标准。这就要求在进行具体的对外汉语词汇教学时,要依据对外汉语学生的实际水平选择适宜的词汇数量。

（二）系统性原则

现代汉语中的很多词汇都具有一定的联系,而且与语音、语法和句子有着密切的关系,共处于语言这个系统之中。因此,在进行对外汉语词汇教学时,应遵从系统性原则,以保证学生学到的词语不是孤立的、零散的。

举例来说,"什么"这个词具有多个意思,如果不结合具体的句子进行教学,很难将它的具体意思说清楚。具体来说,在讲解"什么"一词表示疑问的意义时,可以结合句子"你说什么？""那是什么？"进行;在讲解"什么"一词表示不确定的意义时,可以结合句子"我想吃点什么。""他想说点什么但没有说。"进行;在讲解"什么"一词表示惊讶、责难的意思时,可以结合句子"什么,你竟敢骂我？""你笑什么笑，有什么好笑的。"进行等。

（三）分析性原则

对外汉语词汇教学的分析性原则，就是教师在具体的词汇教学过程中，要注意对组成词语的语素进行适当分析，以帮助对外汉语学生更好地理解词语。

举例来说，在现代汉语中，既存在一个汉字对应一个音节、一个语素的情况，如"疹"对应的是皮肤上的小红疙瘩；也存在多个汉字对应一个语素的情况，如"花儿"等儿化音节通常被认为是一个音素。因此，在进行对外汉语词汇教学时，应首先明确词语的构成语素有哪些，以便对外汉语学生借助于语素更好地掌握词汇。

（四）文化性原则

我国的文化有着非常广泛的内涵，但并不是文化的所有内涵都能够成为对外汉语教学的内容。这里所说的文化性原则，指的是在对外汉语词汇教学中，要注意那些与汉语的理解和运用密切相关的文化因素，包括价值观念、衣食住行、风俗习惯、道德规范、生活方式、思维方式等，以便使对外汉语学生真正懂得汉语，并能准确地利用汉语进行交际。

举例来说，在讲授"节日"一词，教师可以向学生介绍中国比较重要的几个节日，如"春节""端午节"等，并简单阐述这些节日所具有的意义以及重要的习俗。这样对外汉语学生在准确掌握"节日"一词含义和运用的同时，对中国的民俗也有了一定的了解。

（五）实践性原则

对外汉语词汇教学的实践性原则，就是教师在具体的词汇教学过程中，要注意提供一些练习机会，以便对外汉语学生能够在练习中真正地理解和掌握词汇。

举例来说,在讲解"购物"一词时,可以让学生通过扮演售货员和消费者这两个角色,让学生更好地理解该词的含义;在讲解"寄包裹"一词时,可以让学生通过实际邮寄包裹的行为,更好地理解该词的含义。

（六）交际性原则

对外汉语教学的最终目的就是培养学生利用汉语进行交际的能力。而要实现这一目的,就需要借助于词汇教学,大大扩展学生的词汇量。因此,在对外汉语词汇教学中要贯彻交际性原则,具体来说就是要把培养学生的汉语言交际能力作为对外汉语词汇教学的目标,把培养对外汉语学生的汉语交际能力作为教学重点。

三、对外汉语词汇教学的方法

在进行对外汉语词汇教学时,可以借助一定的方法,具体来说有以下两个。

（一）词汇展示法

词汇展示法是对外汉语词汇教学中经常会用到的一种方法。

1. 词汇展示法的含义

将汉语词汇用各种方式介绍给对外汉语学生,使他们了解这些词汇的音、形、义,并最终能够正确运用这些词语的方法,便是词汇展示法。

2. 词汇展示法的类型

一般而言,词汇展示法又可以细分为以下几类。

（1）领读

教师在进行对外汉语词汇教学时,先示范朗读每个生词,然后让学生跟着读的方法,便是领读。

在对外汉语词汇教学中,领读是最为常见的一种生词展示方法,其优点是可以使对外汉语学生较快、较准确地掌握词语的读音。而教师在具体运用这种方法时,要注意仔细听对外汉语学生的发音,以便随时纠正读得不够准确的地方,尤其是一些容易出错的词。

（2）猜词

在进行对外汉语词汇教学时,猜词也是一种经常会用到的词汇教学方法,而且这种方法能够有效地活跃课堂气氛,调动对外汉语学生学习汉语词汇的积极性和主动性。在具体运用这种方法时,可以借助于以下几种形式。

第一,在对外汉语学生预习的基础上,教师或是说出词语的基本含义,请对外汉语学生集体进行猜测应是哪个新词;或是给出一些例句,请对外汉语学生猜测可以在句子中使用哪个生词。

第二,将对外汉语学生分为两组,一组说词语的意思,另一组猜测。需要注意的是,要使两组学生轮流扮演猜词的角色,而且要求每组成员都要说一个词,以便都能参与到练习之中。

第三,请一名对外汉语学生背对黑板,教师写下一个新词,由其他学生说出这个词语的含义,让其猜测。

（3）认读

在对外汉语学生充分预习的基础上,或者在教师领读过后,可以请学生直接认读生词。

①认读的方式。对外汉语词汇教学中的认读,一般而言有以下两种方式。

第一,教师要求对外汉语学生用手或纸盖住拼音和注释,然后直接看着汉字将其正确读出。

第二,对外汉语学生集体或轮流对教师写在黑板上的生词按照顺序或是不按顺序进行认读。

②认读的注意事项。在对外汉语学生认读词语时,教师要特别注意以下两个方面。

第一,要及时对认读的词语的音、形、义进行简单介绍,以帮助学生更好地进行认读和记忆。

第二,要注意利用一些东西来增加对外汉语学生认读词汇的趣味性。

（二）词汇释义法

在对外汉语词汇教学中,词汇释义法也是一种经常会用到的方法。

1.词汇释义法的含义

所谓词汇释义法,就是教师在对外汉语词汇教学过程中注意对词语的意义进行解释、说明的方法。

2.词汇释义法的类型

词汇释义法的类型是多种多样的,其中较常用到的有以下几种。

（1）直观法

所谓直观法,就是运用实物、图片、幻灯、肢体语言等形象化的教学手段对词语的意义进行解释。

由于直观法具有简单、直观、形象、易懂等特点,因而能够使对外汉语学生较为容易地理解词语的含义,也能够有效地调动起对外汉语学生学习词语的积极性和主动性。

这种方法只能解释比较具体的实在的东西,那些表示抽象意义的词语一般不能解释,而且只在学习的最初阶段能够发挥较大的作用。

（2）翻译法

所谓翻译法,就是将汉语的词语翻译成对外汉语学生的母语,并用对外汉语学生的母语对词语进行解释、说明。

在对外汉语词汇教学中运用翻译法,可以使对外汉语学生较快地掌握一些常用的词汇,并且容易消除他们在学习语言的初期所不可避免的紧张心理。

在对外汉语词汇教学中,翻译法的运用并不是越多越好,而是应尽量减少使用的次数,降低使用的频率,或者随着学习的深入,逐渐减少母语的使用,进而完全不用。只有这样,才能真正使对外汉语学生完全利用已有的汉语知识听懂或者猜出词语的含义。

（3）比较法

在对外汉语词汇教学中,比较法也是一种十分有效的方法。而在利用比较法进行对外汉语词汇教学时,可具体从以下两个方面着手。

①汉语词汇中的同义词进行比较。汉语词汇中的同义词对于对外汉语学生来说,既可以帮助其准确地对生词的词义进行理解,又可能对其准确地理解生词的词义造成障碍。由于汉语中的同义词是比较丰富的,因而在汉语的同义词教学中,比较法不可避免地会成为一种常用的词语释义方法。

在进行汉语同义词比较时,可具体从四个方面进行:一是基本意义,同义词的意义范围、语义轻重、侧重点等不同,表示的意义也会有所差异;二是感情色彩,同义词的感情色彩不同,表达的意义也是不相同的;三是词性,同义词的基本意义相同但词性不同,相应的语法功能也不完全相同;四是用法,有些同义词的基本语义、词性都相同,但在具体运用时却有较大区别。

②汉语词汇与对外汉语学生母语词汇进行比较。汉语的词汇在其他的语言中,往往会有一些对应的词语,而且在书写形式上存在同形或近形的现象。这对对外汉语学生来说,是学习汉语词汇的一个有利因素。但是,汉语与其他语言的对应词语并不是完全等值的,因此很有必要对其进行仔细辨别与分析,以免对对外汉语学生的词汇学习造成负迁移。

（4）语素推测法

汉语的合成词是由语素构成的,而这些语素通常都具有词汇意义或语法意义。因此,利用汉语词汇的构成语素,就可以大致类推出新词语的意义。

一般而言,语速推测法只适用于年级较高的对外汉语学生学习词汇。原因在于,年级较高的对外汉语学生往往不需要教师的提示就能很主动、很积极地把与某一语素有关系的词语说出来,当然在一些时候还是需要教师进行补充的。

（5）列举法

所谓列举法,就是借助于具体事物的下位词语来对上位词语的意义进行解释,或是以整体部分关系词互释。

从上下位词的角度看,通常上位词语是表示普遍的一般的概念,通过列举下位词来解释上位词的意义或通过上位词解释下位词。例如对"水果"的解释,就可以列举"苹果""香蕉""桃子""西瓜""猕猴桃"等,说明这些都是蔬菜;在解释"桃子"时,教师可以先告诉学生这是一种水果,然后再对它的外部特征进行具体说明。在整体部分关系词语中,如果一组词表示的是事物的整体和组成部分之间的关系,那么也可以用列举法,比如"电脑"是整体,"显示屏""主机""键盘"等就是部分,教师可以通过解释"电脑"对各个部分进行说明。

列举法比较容易掌握,也比较可行。但需要注意的是,应在学生掌握了一定量的词汇的基础上进行。如果学生基础比较薄弱,列举之后他会觉得老师引出了许多生词,产生一些畏难情绪。有时还会只顾听列举的词语,而没有真正理解要学的新词,这样就会让列举法失去原本的意义,学生也就无法真正掌握重点。

（6）同义或反义法

所谓同义或反义法,就是用同义词或反义词来对词语进行解释的方法。同义词就是意义相同或相近的一组词,即等义词和近义词,而这里所说的同义词其实更多的是指近义词。反义词是语法意义相同而词汇意义相反的一组词,包括绝对反义词和相对反义词两类,前者指意义内容完全相互排斥,即在逻辑上存在矛盾关系的一组词,如"死"和"活";相对反义词是指意义内容并不完全相互排斥,即在逻辑上存在反对关系的一组词,如"黑"和"白"等。

在运用同义或反义法进行对外汉语词汇教学时,一定要用对外汉语学生已经学过的词语,否则可能越替换越难,而对外汉语学生会越听越糊涂。这不仅会无端加重对外汉语学生的词汇学习负担,而且会挫败对外汉语学生学习词汇的积极性。

第三节　对外汉语语法教学活动

在对外汉语教学中,语法教学是一项十分重要的内容。对外汉语学生只有真正掌握了汉语的语法规则,才可能形成良好的汉语语言交际能力。因此,在对外汉语教学中,要对语法教学予以高度重视。

一、对外汉语语法教学的目的

对外汉语语法教学的直接目的是,使对外汉语学生能够会说并理解汉语的句子;根本目的则是培养对外汉语学生用汉语词语造句、连句成篇的汉语表达能力。

二、对外汉语语法教学的特点

对于对外汉语语法教学来说,其最主要的一个特点便是困难度高。而对外汉语语法教学的困难度之所以高,是由以下几个方面的因素决定的。

（一）结构因素

在对外汉语语法教学中,语法结构越复杂,其难度越高,具体表现在以下几方面。

第一,来源语与目标语无相对应的结构,如对以来源语为英语的对外汉语学生来说,"把"字句、气象句、语尾助词等都是困难度高的语法结构。

第二,非典型结构,如存现句、介词句、倒装句、主语后提前宾语、主语分离。

第三,层次结构复杂,如兼语式、句补式(大风吹得我头昏眼花)、句主语式(他不来也成)、包蕴反复式(你知不知道明天会不会下雨)。

第四,搭配限制越严格,如完成态、分裂式(即"是……是"句)否定句。

关于现代汉语中高频率属相的语法点的结构复杂度可参考表2-1。

表2-1　现代汉语中高频率属相的语法点的结构复杂度

语法点	结构复杂度
了（完成）	＋
过（经验）	＋
着（进行）	－
把（处置）	＋
被（被动）	－
是……的（焦点）	＋
跟（前置词）	－
对（前置词）	－
在（前置词）	＋
连……都（甚至）	＋
双宾	＋
零化	＋
主题化	＋
气象	＋
语气	＋
否定	＋

（二）语义因素

在对外汉语语法教学中,语义越复杂其难度越高,具体表现在以下两方面。

第一，语法结构的语义具有多重诠释，如"把"字句、进行态、前置词、"除了……以外"等结构。

第二，语法结构具有引申义，如一些有空间—时间上语义延伸转换的结构，特别是"下去""下来""起来""掉"等。

关于现代汉语中部分语法结构中的语义复杂度，可具体见表2-2。

表2-2　现代汉语中部分语法结构中的语义复杂度

语法点	语义复杂度
了（完成）	－
过（经验）	－
着（进行）	＋
把（处置）	＋
被（被动）	－
是……的（焦点）	－
跟（前置词）	＋
对（前置词）	－
连……都（甚至）	＋
双宾	－
零化	－
主题化	－

（三）语用功能因素

在对外汉语语法教学中，一个语法结构若承载了语用层面的功能，其困难度将高于仅承载命题层面功能的结构。例如，"都"的含义主要有以下几种。

（1）表示总括全部，例句：怎么办都可以。

（2）甚至，例句：把他都吵醒了。

（3）已经，例句：都十二点了，还不睡！

（1）中是"都"的词汇意义，（2）和（3）中的"都"则是以语用为导向的,必须由语境和言外之意呈现。在讲解(2)和(3)中"都"的含义时,会比讲解(1)中"都"的含义困难。

（四）类化因素

在汉语语法中,有些语法点乍看之下似乎可归属于某个自然分类,但其属性却又无法根据某一共通性予以系统化的定义,这样的不易类化的语法点,会使教学的难度进一步加大。

三、对外汉语语法教学的内容

通常而言,对外汉语语法教学的内容应该包括语素、词、词组、句子和语篇这五级语法单位。

（一）语素

随着对外汉语语法教学的不断深入,语素在语法教学中的独特价值日益被人们所认识。由于对外汉语学生只有在准确掌握语素的基础上,才能对汉语的语法规则形成透彻的理解,因而在对外汉语语法教学中,绝不能忽视语素这一重要的内容。

1.语素的含义

所谓语素,就是语言中最小的音义结合体,是最小的语法单位。简单来说,语素就是不能再被分割的音义结合体。

2.语素的功能

语素的功能,一般来说有以下两个。

第一,构成词。它既可以自身直接成为一个词(即单纯词),如人,也可以跟别的语素一起按一定的构词规则构成词(即合成词),如人缘。

第二,构成包含在词的内部的"语素组"。例如,"形声字"里的"形声"以及"林阴道"里的"林阴"等,都属于语素组。

（二）词

在对外汉语语法教学中,词是最核心的内容之一。所谓词,就是语言中最小的能独立运用的音义结合体。词与语素相比,最大的区别是能够独立使用;词与词组相比,最大的区别是不能再被分割为更小的能独立运用的单位。

对外汉语语法教学从词的层面来说,最为主要的教学内容就是词类问题。一般而言,词类问题主要包括三个方面的内容:一是词类的划分,即明确是动词、名词,还是形容词、副词等;二是词性的确定,即明确词的功能类别;三是兼类词的辨认,如名词兼动词、形容词兼副词等。

（三）词组

在现代汉语的语法系统中,词组可以说处于实际的中心地位,因此对外汉语语法教学中决不能忽视词组这一重要的内容。

1.词组的含义

所谓词组,就是由词和词按一定的句法规则所组合成的比词大的能独立运用的音义结合体。

2.词组的类

现代汉语的词组依据不同的标准,划分出的类型也会有所差异。一般而言,以词组的句法功能为依据,可以将词组划分为名词性词组、动词性词组、形容词性词组等;以词组的结构关系为依据,可以将词组划分为主谓词组、偏正词组、介宾词组、方位词组等。

（四）句子

对于对外汉语语法教学来说,其最直接的目标就是使对外汉语学生能会说并理解汉语的句子。因此,在对外汉语语法教学中,句子是一项不可或缺的内容。

所谓句子，就是语法中前后有较大停顿、伴有一定句调、表示相对完整意义的音义结合体。汉语中绝大部分的句子都是由词组直接加上一定的句调形成的。

对外汉语语法教学从句子的层面来说，需要包括以下几方面的教学内容：一是句子的组成规则；二是句子间的关系；三是句子与语篇的关系。

（五）语篇

所谓语篇，就是"在言语表达中有一个明确的中心思想贯穿、在结构上相互关联而意义上密切联系的一组句子组成的或大或小的段落、篇章"①。

据相关实践证明，在对外汉语语法教学中，对高年级的对外汉语学生进行语篇教学是十分重要且必要的。它能够使高年级的对外汉语学生形成系统的语篇结构，因而能够更好地进行汉语语法的运用。

四、对外汉语语法教学的原则

在进行对外汉语语法教学时，需要遵循一定的原则，具体来说有以下几个。

（一）实用性原则

在进行对外汉语语法教学时，要注意选择那些对于对外汉语学生来说最容易发生偏误的内容，同时注意将这些内容的最基本和最常用的方式以及使用时的适用条件和限制条件进行清晰的讲解，以便对外汉语学生能够准确地对这些内容进行援用。也就是说，在进行对外汉语语法教学时，应遵循实用性原则。

---

① 赵金铭：《对外汉语教学概论》，北京：商务印书馆，2004 年，第 402 页。

根据对外汉语语法教学的实践来说,越是能将汉语语法的特点体现出来的内容,对外汉语学生越不容易掌握。举例来说,实词中主要是动词的搭配问题,虚词中主要是虚词的意义、用法问题,离合词的问题和固定词组(如"不得不、好容易、不敢当、不用说"等词语,以及"爱面子、爆冷门、穿小鞋、敲竹杠"这样的惯用语)问题;在句法方面,语序、多项主语、多项状语、各类补语的用法、特殊句型(如"把"字句),动作的形态以及一些常见的口语格式和多重复句的语义关系等问题都是对外汉语学生的难点,也是我们教学的重点。

（二）循序渐进原则

对外汉语语法教学的循序渐进原则,就是在进行语法教学时要按照由易到难的顺序对教学内容进行安排,即先学习较为容易的语法点,再学习较难的语法点。

举例来说,在讲解词类的语法意义时,要先讲解一般词类的语法意义,如名词的语法意义是"人和事物、名称",形容词的语法意义是"性质属性",动词的语法意义是"动作行为变化联系"等;接着再讲解特殊词类的语法意义,也就是词类在句法结构中的意义,如在"桌上有苹果"这个句子中,"有"所表示的"存在"义就是其在句法结构的语法意义。

（三）实践性原则

对外汉语学生学习汉语的最主要目的就是利用汉语进行顺利的交际,因此,对外汉语教学应注意对学生的汉语交际能力进行着重培养。而对外汉语语法教学,恰是为了对对外汉语学生准确地运用语法规则进行交际提供指导,故其教学的侧重点不是句子的语法而是句子的意义及用法。因此,在进行具体的对外汉语语法教学时,要遵循实践性原则,即在对具体语法项目进行生动的展示、准确的语义分析和语用条件说明的同时,更注意为学生营造真实的交际环境和交际语境，以便学生能够准确把握所学语法知识的用法。

（四）简化性原则

在进行对外汉语语法教学时，一个很大的难点就是如何运用对外汉语学生能够切实听懂、理解且通俗浅显的语言以及恰当的方法将较深且较难的语法知识讲解清楚。这时就需要对繁复且抽象的语法内容进行一些处理，即运用浅显具体的语言将其简单化、条理化、形象化，切记不用或是少用专业的术语。

在对外汉语语法教学中，要做到上面所说的这一点，首先要经历在深入研究汉语语言本体的前提下反复咀嚼和内化的过程，使所教内容科学地浅化和简化，无论是在对语法项目展示方面的感性化、条理化、公式化、图示化，在对语法内容取舍上的层级化、合理化，还是对学术概念和定义的处理方面的简省化、具象化，都体现出以理论语法知识与研究为深层底蕴，并将其融会贯通，使语法教学游刃有余、精细适宜的特质。只有这样，才能在对对外汉语的语法特点进行准确把握的基础上，让对外汉语学生更好地掌握相关语法内容。

五、对外汉语语法教学的方法

对外汉语语法教学的方法，常用的主要有以下几个。

（一）演绎法

演绎法就是通过对一般性的原理进行分析而得出特殊性的结论。在对外汉语语法教学中运用演绎法，就是先给出语法规则，再举出例子说明。

举例来说，在使用演绎法讲解存现句时，第一步先给存现句下定义：存现句是表示某处存在着某人或物，以及某人或物消失于某处的句子；第二步指出存现句的形式是处所词＋动词＋人／物

（动词是表示存在、出现、消失的动词）；第三步举例子。

  A（1）房间里摆着几张桌子。

   （2）桌上有一瓶花。

  B（1）院子里长出一棵树。

   （2）门口走出来一个人。

  C（1）天上飞过一只小鸟。

   （2）监狱里逃走了一个犯人。

  第四步进行说明：A 组句子表示存在，B 组句子表示出现，C 组句子表示消失，这样的句子就叫存现句。

  （二）类比法

  类比法就是以两个或两类事物在一些性质上的相似而推出在其他性质上也相似的方法。在对外汉语语法教学中运用类比法，就是从具体语言材料到具体语言材料，在特定的两个对象之间进行比较，利用它们的共同点，推出一类与另一类相同的规则。

  举例来说，"毕业""见面"等动宾式的离合词，对外汉语学生常常出错，造出"我毕业汉城大学""我见面中国朋友"这样的句子。在讲动宾式的离合词的结构特点时，我们可以使用类比法，将动宾词组与动宾式的离合词进行类比。第一步，利用对外汉语学生已有的知识，让对外汉语学习者回忆："动宾词组是由 V+O 组成的"，如"吃饭""喝水""打电话"，所以它的后面不能再有宾语了，"我吃饭他"不行，可以说"我和他吃饭"。第二步，告诉对外汉语学生动宾式的离合词构成方法也是 V+O 式，所以，动宾式的离台词后面一般也不能再带宾语了（个别动宾式离合词除外）。

  （三）情境法

  情境法就是利用或创造特定句子或是更大的语言单位出现的情境，让对外汉语学生在情境中学习语法。在对外汉语语法教学中运用情境法，既可以利用人的情境，也可以利用事物的情境，还可以利用动作的情境。

第四节　对外汉语汉字教学活动

在对外汉语教学中,汉字教学一直被认为是制约对外汉语教学效率的重要因素。因此,要想有效提高对外汉语教学的效率,就必须要高度重视汉字教学。

一、对外汉语汉字教学的目的

对外汉语汉字教学的目的,概括来说就是培养对外汉语学生的汉字能力。

这里所说的汉字能力,就是对外汉语学生利用汉字进行记录、表达和交际的能力,涉及五个基本要素,即说(把字说于别人听)、写(书写汉字)、认(辨别字义与词义)、念(念字音)和查(使用汉语工具书查检汉字)。

二、对外汉语汉字教学的内容

对外汉语汉字教学的内容简单来说就是汉字,具体来说就是运用科学有效的方法,教授现代常用汉字的形、音、义,教对外汉语学生会查、会用、会读,教对外汉语学生形成汉字的字感。成功的汉字教学,应该使对外汉语学生除了掌握汉字的基本知识外,获得四种能力:对汉字的认知能力、对汉字的分析能力、对汉字的推理能力和对汉字的运用能力。

三、对外汉语汉字教学的原则

在进行对外汉语汉字教学时,要想实现最终的目的,就需要切实遵循一定的原则。具体来说,对外汉语汉字教学的原则主要有以下几个。

（一）数量适宜原则

在对外汉语汉字教学大纲中,所要求的汉字数量是很多的。但是,这些汉字并不都需要通过教学来教给对外汉语学生,只要将使用频率较高的最基本汉字教给对外汉语学生即可。据统计,1 000个常用字能覆盖约92%的书面资料,2 000字可覆盖98%以上,3 000字时已到99%。因此,实际上人们在日常使用的汉字不过3 000字左右。这就要求在进行对外汉语汉字教学时,应遵循数量适宜原则,不可盲目地扩大汉字教学的数量。

（二）与汉字规律相符合原则

汉字是形、音、义的有机统一体,与目前世界上绝大多数国家民族使用的表音文字有很大不同,这决定了对外汉语汉字教学不能够完全照搬英语教学法中随文识字的方式。当前,国内很多学校的对外汉语汉字教学采取了两条线的方式,即汉字课按照汉字教学规律集中系统的教学汉字,精读课依照随文识字的方式在词汇里学习汉字的认读。海外的华文教学由于课程设置、教学时间的限制没有专门的汉字课,汉字教学和词汇、语法教学集中在综合课里,基本上是随课文识字。国内的汉字课如何与读写课联系和衔接,海外华文教学中的综合课如何保证汉字教学的时间、体现汉字教学的规律是我们今后要集中研究的问题。

（三）针对性原则

对外汉语学生来自不同的文化圈,对汉字的认知能力也有较大差异,因而要注意以对外汉语学生的文化圈和汉字认知能力为基础对汉字教学的内容、方法等进行选择。也就是说,在进行对外汉语词汇教学时,要遵循针对性原则。

（四）将笔画、部件和整字有机结合原则

对外汉语汉字教学，最先进行的应该是笔画和部件的教学。笔画是汉字得以构成的最基本要素，而且要书写汉字，必须要掌握笔画，并了解笔画的搭配形式。此外，在对外汉语汉字教学中，对笔画进行分解，不仅能使对外汉语学生对笔画及其搭配方式有正确的认识和准确的把握，而且能使对外汉语学生对汉字的结构框架进行深入的了解。

由于汉字绝大多数是由两个以上的部件构成的合体字，因而部件是汉字的基本构形单位。部件大于笔画，小于整字。在对外汉语汉字教学中，将部件教学作为重点，可以把汉字笔画繁多的特性变得相对简单一些。而当学生在学习并掌握了一定数量的部件后，再学习整字就可以取得事半功倍的效果。

因此，在对外汉语汉字教学中，要注意遵循笔画、部件和整字有机结合原则。

（五）先认后写原则

对外汉语汉字教学的最终目的，是让对外汉语学生能够认识、读出和写出汉字。但是，要让对外汉语学生同步发展听、说、读、写汉字的能力是几乎不可能的。原因在于，一个人认识的汉字数量要远远大于他会写的汉字数量、能够说出的汉字数量。再加上信息技术和汉字输入技术的不断提高，越来越多的人离开了键盘便不会写字了。这使得在对外汉语汉字教学中，认汉字比写汉字显得更为重要。因此，在进行对外汉语汉字教学时，应遵循先认后写原则。

（六）多读少写原则

汉字的形体结构复杂，区别性大，容易辨认、区别，但书写起来比较困难。而且，对外汉语汉字教学不可能、也无必要要求学生对所学过的每一个汉字都能认、能读、能写、能用。因此,在进行对外汉语汉字教学时,可以遵循多读少写原则,以便分散汉字教学的困难,提高学习效率,增加学生学习的兴趣。

（七）循序渐进原则

在对外汉语汉字教学中,汉字教学的顺序问题是一个非常重要的问题。对于先教什么,后教什么,过去的随文识字是由词定字,出现什么词就教什么字,如今这种做法越来越受到人们的质疑和批判。汉字的笔画多少不同,结构繁简不一,在进行教学时,应与对外汉语学生学习汉字的认知规律相符合,即由简到繁、由易到难,以便使其对汉字学习始终具有高度的热情。也就是说,在进行对外汉语汉字教学时,应遵守循序渐进原则。

举例来说,在进行汉字教学时,第一步,教授构字能力强、构词能力强、意义明确具体的独体汉字,如石、衣、手、木、水、人、口、心、月、土、火、日、金、刀、目、山、女、马、车、食等。学习者掌握了这些独体字,就能为以后的汉字学习奠定一个好的基础。第二步,教授构字能力不太强,但构词能力强、意义明确具体、笔画少的汉字,如坏、小、少、百、千、万、多、中、晚、上、下、右、早、年、月、天、大、好、左等。第三步,教授构词能力强、规律性较强的合体表意字和意音字,如洋、泪、林、宝、饱、吵、众、安等。第四步,教授构字能力强的不成字偏旁及其所构成的常用合体汉字。如纟、艹、疒等偏旁以及由这些偏旁构成的合体汉字如纸、草、病等。第五步,教授组成常用词的其他一些汉字。

四、对外汉语汉字教学的方法

在进行对外汉语汉字教学时,可以借助于一定的方法来有效实现教学的目的。就当前来说,常用的对外汉语汉字教学方法主要有以下几个。

（一）汉字分解法

所谓汉字分解法,就是通过分解构成汉字的构件来进行汉字教学的方法。简单来说,汉字分解法就是将一个字分为几个相对独立的部件,如"要"可以切分为"西""女"两个部件。

在对外汉语汉字教学中,运用汉字分解法时要尽可能避免随意地分解汉字,同时又使学生通过已经掌握的字素识字、写字,使汉字学习有一定的系统性。

（二）偏旁部首法

所谓偏旁部首法,就是通过字形结构分析来进行识字教学。偏旁实际上指汉字结构的组成部分,过去称左偏右旁;部首是根据汉字形义关系分析归纳出的表示汉字义类的构形部件。用同一部首的字,字义都与某一事物有关。例如,用"木"作部首的字,都与树、木材有关。松、柏、杨、柳等表示不同种类的树;枝、条、根、权表示树木某一部位;桌、椅、床、梳等表示木制的用具。掌握汉字偏旁部首有益于理解字义记忆字音,是提高对外汉语汉字教学效率的好方法。

偏旁部首法可以利用形声字的声旁进行识字教学。声旁是形声字的表音部件,通常采用表意字充当,用表意字的字音表示形声字的读音。认识一定数量的常用声旁,对学习形声字大有帮助。由于语音的发展,现代形声字的声旁有效表音率比较低。声旁虽然不能准确表示汉字的读音,但能够提示汉字的大致读音。在对外汉语汉字教学中,利用声旁进行识字教学,首先要掌握完全表音的声旁,声旁相同字音就相同。把同一声旁的字归纳在一起,认识了声旁就能读出字音。例如,认识了声旁"马",就可以读出形声字妈、吗、骂、码、蚂的读音。那些不能完全表音的声旁,也有一定的规律可循。如用声旁"方"构成的形声字,除"旁"外,其余的房、访、放、防、仿、彷、妨、坊、芳、肪的声韵完全相同。在利用声旁进行识字教学时,要注意选用构字能力强且声旁本身是常用汉字的,如者、皮、分、各、方、干、包、丁、工、令、古、占、尚、非、合、斤、交、青、且、巴、少、加、白、尤、羊、可等。同时还要注意,利用声旁教学汉字要让学生了解声旁表音的不同情况,避免过度依赖、盲目利用声旁的表音规律。

偏旁部首法还可以和形声字的教学结合起来。形声字在现代汉字中占90%以上,在常用汉字中的比例稍低一些。

运用偏旁部首教学法学习形声字,首先要以形旁为纲。形声字的形旁意义,对绝大多数形声字的字义有提示作用,因而形旁可以帮助学生理解字义。

另外,高年级对外汉语学生的偏旁部首学习还可以和查检工具书的教学结合起来。虽然现代工具书的检字部首和文字学的部首不完全相同,但二者大部分的部首是重合的。因此,偏旁部首的学习也为学生查阅字典奠定了基础。

（三）汉字展示法

所谓汉字展示法,就是通过对展示需要学习的汉字来进行汉字教学的方法。运用这一方法进行对外汉语汉字教学,不仅能够将汉字展示出来,还能够将汉字的书写过程展现出来,因而能够使对外汉语学生更好地掌握所学汉字。

（四）字源法

所谓字源法,就是利用古文字形的象形性特点来辅助汉字字形教学的方法。在现存的文字体系中,汉字是最为古老的,而且现代汉字是由古代汉字演变而来的。古今汉字虽然在形体上有了较大变化,但结构上仍然有很多相似之处。因此,从汉字形体的源头入手进行汉字教学,不仅可以使使用拼音文字的对外汉语学生对汉字的历史有所了解,而且能够使他们对汉字的结构特点有深刻的认识,进而帮助其逐步建立起学习汉字的认知模式,更好地对汉字进行认知和使用。

一般来说,字源教学法适用于象形、指事、会意这些表意文字的教学,如月(☽)、火(✷)、耳(☪)、上(⌣)、下(⌢)等。

（五）汉字描述法

所谓汉字描述法,就是通过描述汉字来进行汉字教学的方法。例如,在教"江"这个字时,可以对其这样描述:左边是三点水,右边是工厂的工。这样对外汉语学生便能较为容易地掌握"江"这个字了。

（六）字音法

所谓字音法,就是利用字音进行汉字教学的方法。在汉语中,同音字众多,而同音字也是对外汉语汉字教学的一个难点。学习了一定数量的基本汉字后,对外汉语学生学习中的主要问题就不再是笔画笔顺的错误,而是同音别字的错误。利用字音法,尤其是形近同音字法能够在一定程度上化解同音字带来的问题。

（七）字义教学法

所谓字义法,就是利用汉字字义进行汉字教学的方法。在对外汉语汉字教学中运用字义法,主要有以下两种形式。

1. 利用语境系联法进行教学

所谓语境系联法,就是通过词语、句子、短文来系联汉字的方法。有的类似于随文识字,不过这里的词语、句子、短文主要是根据汉字教学的需要而设计,不是随文识字中完全根据语法、功能的需要来设计。

2. 利用语义场系联法进行教学

所谓语义场系联法,就是把意义上有关联的字放在一起教学,让学生通过意义的关联进行联想以巩固学习内容。语义场系联法包括三类：同义系联，如低和矮、父和爸、房和屋等；反义系联，如多和少、好和坏、正和反等；同类联想系联，如数字类汉字、颜色类汉字、餐具类汉字等。

五、对外汉语汉字教学的技巧

对外汉语汉字教学在具体实施时，会分为汉字知识教学、汉字认读教学、汉字书写教学和汉字记忆教学四个方面进行。因此，这里在分析对外汉语汉字教学的技巧时，也分别从这四个方面进行。

（一）对外汉语汉字知识教学技巧

对于对外汉语汉字教学来说，其并不是单纯地教某个字的形体、读音、意义，还要教与这一汉字有关的规律性知识，这对于切实提高对外汉语汉字教学的效率和效果、培养对外汉语学生自学汉字的能力具有重要的作用。因此，在对外汉语教学中，要重视汉字知识教学。而在进行对外汉语汉字知识教学时，可以借助以下两个技巧。

1. 精讲多练

对外汉语汉字教学毕竟是要培养对外汉语学生的识字能力。而要将知识转化为能力，最直接且最有效的办法便是多练，包括多写、多记、多用。也就是说，教师在进行对外汉语汉字知识教学时，要尽可能少讲、精讲，让对外汉语学生有更多的时间进行练习。

2. 例字显示

一般来说，对外汉语的汉字知识是带有规律性的知识，涉及一些专业的文字学理论和文字学术语，对外汉语学生接受起来会有一些困难。而借助于例字显示，即从已学的汉字中列举出体现汉字知识的字例，让对外汉语学生从中发现汉字的规律，可以大大提高对外汉语学生学习汉字知识的积极性。

（二）对外汉语汉字认读教学技巧

对于对外汉语学生来说,学习汉字的一个重要目的是能够在阅读中见字读出音、明白大概的意思。因此,在对外汉语汉字教学中进行汉字认读教学也是十分重要的。而在进行对外汉语汉字认读教学时,可以采用以下几个教学技巧。

1. 图片展示

汉字中的象形字都表示具体的事物,而且都是人们熟知的事物。那些独体的结构较为简单的象形字,是汉字的基础字和基础构形部件,也是对外汉语汉字初学者开始学习的字,如人、衣、鱼、犬等。因此,在进行对外汉语汉字认读教学时,可以先展示画有这些事物的图片,然后再展示这些象形字。

在进行对外汉语汉字认读教学时,利用图片展示不仅能够使教学更加生动有趣,提高对外汉语学生学习的兴趣,还能使对外汉语学生更加直观地对汉字的字义和特点进行理解,继而真正掌握汉字。不过利用图片展示进行汉字认读教学多适用于刚刚接触汉字的对外汉语学生,而且要尽可能按照字形来画图画,以确保其尽量接近字形,以便对外汉语学生理解。

2. 卡片展示

在对外汉语认读汉字教学中,用卡片展示生字也是一种常用的技巧。在卡片的一面写上生字,另一面写拼音和其他文字的注释;或者一面写生字和拼音,另一面写其他文字的注释或画上与字义相关的图画。

在对外汉语汉字认读教学中运用卡片展示时,可以把形音义分开展示,以便培养对外汉语学生将形与音义联系起来的习惯,进而更好地掌握汉字。

3. 板书展示

在对外汉语汉字认读教学中,用板书展示生字也是一种常用的方法,即在课前或刚上课时,教师把将要学习的生字写在黑板上。

在对外汉语汉字认读教学中,利用板书展示方便易行,但教师在备课时需认真设计板书,以便将学习的重点和难点凸显出来。

4. 偏旁归类

在现代汉字中,合体汉字的偏旁是认读和区别形近字、同音字的关键。在对外汉语汉字认读教学中,利用偏旁归类识字,同时利用偏旁辨别形近、同音字,可以使对外汉语学生学会在阅读中利用偏旁,避免形近、同音字的干扰而认读汉字。

（三）对外汉语汉字书写教学技巧

在对外汉语汉字教学中,汉字书写也是一项非常重要的内容。而在教对外汉语学生书写汉字时,可以借助于以下两个技巧。

1. 板书临摹

在对外汉语汉字书写教学中,板书临摹是一种操作方便、效果显著的汉字书写教学技巧。在板书临摹中,让学生集中精力看教师笔画的书写技巧、笔顺的先后、运笔的方式、结构的安排,有利于使其在潜移默化中接受汉字书写训练。

2. 填空练习

在对外汉语汉字书写教学中,运用填空练习既可以使学生练习写字,也可以检查学生掌握生字的情况。运用填空练习这一技巧时,可以写出拼音,让学生填汉字。

（四）对外汉语汉字记忆教学技巧

对外汉语学生要想真正掌握一个汉字,最为重要的一个环节便是记忆,记住字形、字音、字义,存储在大脑中,以备随时提取。因此,在对外汉语汉字教学中不能忽视汉字记忆教学。而在进行具体的对外汉语汉字记忆教学时,可以借助于以下几个技巧。

1. 游戏记忆

汉字是一种十分古老的文字,伴随着这种古老文字的发展,一些利用汉字特点的文字游戏千百年来受到了人们的喜爱,成为封建社会官僚士大夫阶层闲暇消遣的娱乐活动。这些文字游戏发展到现代的汉字教学中,拥有了新的内容和作用。

在中国古老的文字游戏中,字谜是经常用到的一个。在对外汉语记忆汉字教学中,适当地利用一些字谜对提高学生学习的积极性、调节课堂气氛是非常有好处的。特别是一些利用汉字字形结构而编制的字谜,十分利于记忆汉字字形,如"'没'字'又'用'口'代替"(谜底:沿)。

需要注意的是,在对外汉语汉字记忆教学中,利用字谜只能作为一种课堂游戏,而不能作为一种主要的教学方法。同时,字谜主要用于已学的生字,只能作为一种为了复习巩固字形而采取的技巧。

在对外汉语汉字记忆教学中,除了字谜游戏,现代对外汉字教学者利用汉字形体的特点也设计了不少汉字游戏,如添加笔画变新字游戏、添加部件变新字游戏、拼字扑克游戏、生字开花游戏、组词接龙游戏、字中字游戏等,借以活跃课堂气氛,提高学生对汉字形音义的感知度,同时改变单纯依靠机械抄写导致的沉闷、乏味的状态。

2. 听写练习记忆

在对外汉语汉字教学中,听写练习常常被用来帮助对外汉语学生记忆汉字。听写练习就是通过字音回忆字义,写出字形。这有助于对外汉语学生将形音义联系在一起记忆,同时也有助于教师检查对外汉语学生掌握生字的情况。

这里需要特别指出的是,教师在利用听写练习进行对外汉语汉字记忆教学时,选择听写的字中不可有过多生字,并尽可能选择常用的汉字和基础汉字,以免加重对外汉语学生的畏难情绪,影响其学习的积极性。

3. 字理分析记忆

通过对字理进行分析,对外汉语学生就可以理解汉字内部形、音、义的联系,在记忆汉字时就可以通过某个节点联想到汉字的其他要素。但是,字理分析记忆对无理可解或难解的汉字却没有什么帮助。因此,教师在运用这一技巧进行对外汉语汉字记忆教学时,首先要明确汉字是有理可解还是无理可解。

4. 奇特联想记忆

所谓奇特联想记忆,就是为了让对外汉语学生记住没有或是难以解释字理的汉字的形、音、义,利用同音或音近字的意义联想,或是从字形的特征或是形近字的区别方面联想。

一般而言,这种联想不必与文字学的字源字理相符合,因而具有很大的随意性,联想的内容也因人而异,但是大多蕴含一定的情理,便于学生理解和记忆。

第五节　对外汉语文化教学活动

在对外汉语教学中,文化教学经历了一个从不被重视到受到热烈关注并趋于平稳的过程。但可以确定的是,文化教学在对外汉语教学中具有重要作用。

一、对外汉语文化教学的理论基础

对外汉语文化教学是建立在一定的理论基础之上的,具体来说有以下两个。

（一）文化学

对外汉语文化教学与文化学具有十分密切的关系,可以说对外汉语文化教学是建立在文化学的理论基础上的。

文化学是一门探讨文化现象的起源、演变、传播、结构、功能、本质、性质、规律等的独立学科。它诞生于德国,最早的提出者是德国学者列维·皮革亨。此后,德国另一位学者 C.E.克莱姆在他的著作《普通文化史》和《普通文化学》中首先使用了"文化学"一词。但一直以来,有关文化研究的任务主要由文化人类学承担,因此,早期的文化学并没有完全独立,直到 20 世纪 50 年代,美国学者 A.克罗伯开始从事文化学理论体系方面的研究,提出文化具有清晰的内在结构或层面,有自身的规律,这种规律与人类在生物学上、心理学上、社会学上的其他规律系统不同,主张有必要建立一门独立的学科——文化学。在苏联,20 世纪 70 年代前后开始关注文化问题,80 年代"文化学"作为一门独立的学科在苏联学术界得到公认,并出现了一批具有国际影响的文化学家。在 20 世纪 80 年代,在苏联及西方文化学热的影响下,中国学术界也开始重视文化问题,出现了大量文化学方面的研究著作,如梁漱溟的《东西方文化及其哲学》《中国文化要义》,林惠祥的《文化人类学》等。经过 20 余年的发展,中国语言学界在语言与文化的研究方面取得了不俗的成果。

文化学作为以人类创造世界、改造世界、适应自然为研究对象的学科,它的发展既受相邻学科发展的影响,也影响着相邻学科。例如,文化人类学、文化心理学、文化社会学、文化语言学、第二语言文化教学等。

自 20 世纪六七十年代起,第二语言教学开始自觉地涉及文化教学,而到了 20 世纪 80 年代末,对外汉语教学逐渐融入文化教学。由于对外汉语的文化教学起步时间并不长,因而,在理论和实践方面并没有深入、系统的研究。但是文化学理论对对外汉语文化教学的影响是毋庸置疑的,只不过作为对外汉语教学学科理论基础之一的文化学还没有引起足够重视,需要我们进一步研究和规范。

（二）跨文化交际学

在对外汉语文化教学中，不可避免地会出现跨文化交际，因此跨文化交际学也是对外汉语文化教学的一个重要理论基础。

跨文化交际学作为一门学科，兴起于 20 世纪六七十年代的美国。1959 年，美国文化人类学家爱德华·霍尔的《无声的语言》出版，首次使用了跨文化交际一词，同时也标志着跨文化交际学的诞生。到了 20 世纪 80 年代初，中国引入了跨文化交际学，并将其广泛地运用到外语教学中。就当前来说，跨文化交际学的理论构架尚不完善，但已经引起了各学科领域学者们的普遍关注，并出现了许多跨文化交际理论。所谓跨文化交际理论，是指对跨文化交际行为与价值观念系统的、抽象的和理性的解释。在 20 世纪 60 年代到 80 年代，跨文化交际理论研究主要关注文化差异问题的解决。从 20 世纪 80 年代起，跨文化交际理论研究主要涉及文化价值取向、跨文化能力、文化身份与认同等诸多问题，几乎覆盖了该领域所有重要的方面。20 世纪 90 年代，跨文化交际理论研究取得了一系列令人瞩目的成果，如古迪康斯特的焦虑与不确定性管理理论、盖洛斯等人的跨文化通融理论等，为文化教学指引了方向。

二、对外汉语文化教学的内容

就当前来说，对外汉语文化教学需要包括以下几方面的内容。

（一）语言文化

所谓语言文化，就是"语言系统各层次的文化内涵和语言使用的社会规约"[①]。语言文化并不是直接表现出来的，而是隐含在语法、词汇和语用系统中。同时，语言文化在跨文化交际中，会对

---

① 陈光磊：《关于对外汉语课中文化教学问题》，语言文字应用，1997 年第 1 期。

语言的理解与使用产生较大制约,进而导致交际无法顺利进行。通常来说,语言文化又可以细分为以下几类。

1. 语构文化

所谓语构文化,就是词、词组、句子和篇章等的构造所呈现出来的文化特点。

通常来说,汉语的结构是重意而不重形,即汉语的语法关系和语义信息并不是通过汉语的形态变化体现出来的,只要与结构规则相符合且在文中的意义搭配较为合理,便可以成为句子、语篇。之所以会出现这一现象,与中国的传统哲学思想有着密不可分的关系。中国传统哲学思想中的"天人合一"思想强调人与自然客体的和谐、融合,强调个体通过直觉的体验来感知客观世界,而不是将自然和客观世界对立起来。这一文化心理反映在汉语的词、词组、句子和篇章结构上,就是对语法形式没有严格的要求,与语言结构内部的意义关系"意合"则十分重视。另外,汉语的句式结构往往会对事理、时间等予以特别关注,即会按照事物的一般规律以及时间的推进来安排句子。之所以会出现这一现象,主要是由中国人认识事物的规律造成的。由此可知,与汉语结构科学性同时存在的还有其深厚的人文性的一面。因此,在进行对外汉语语言文化教学时,不能忽略语构文化这一重要的内容。

2. 语义文化

所谓语义文化,就是隐含在词汇中的社会文化,往往集中体现着民族的思维与心理模式。

在对外汉语文化教学中,语义文化教学通常反映为两点:一是中国文化中特有的事物和概念无法在其他语言中找到可以进行对应的词语,因而要着重对其进行解释,以便对外汉语学生更好地理解和掌握。二是某一事物或概念在不同的语言中词义差别很大,容易产生误解。这又可以细分为四种情况:第一,词的内涵意义具有很大的不同,如"农民"在不同制度的国家中所指的内容也是不同的；第二，词的意义不对等，如汉语中的"叔叔"等词与英语中所指范围不同；第三，词的褒贬义不同，如"龙"在东方文化中具有褒义，而在西方文化中则主要是贬义；第四，词的引申义和比喻义不同，汉语中"梅"是具有一定的象征意义的，而在其他语言中则没有此象征意义。

3. 语用文化

所谓语用文化，就是在运用语言进行交际时需要遵守的规则、规约。通常而言，不同民族、不同国家、不同语言的语用文化是存在较大差别的。只有对语用文化进行学习，才能够有效地提升语言交际能力。因此，在进行对外汉语文化教学时，不能忽视语用教学这一重要的内容。

（二）文化背景知识

所谓文化背景知识，就是涉及中国的历史与社会的相关知识。在某些情况下，对外汉语学生并不会因为缺少中国的文化背景知识而无法顺利进行交际。但是，对外汉语学生要想真正地理解并掌握汉语，就必须要对中国的文化背景知识有一定的了解。因此，在进行对外汉语文化教学时，不可忽视文化背景知识这一重要的内容。

（三）专门性文化知识

所谓专门性文化知识，就是涉及中国的历史与社会的某一方面的专门知识，如中国历史、中国文化史等。其对于培养对外汉语学生的汉语知识结构、提高对外汉语学生的汉语交际能力具有重要作用。因此，在进行对外汉语文化教学时，要包括专门性文化知识这一内容。

三、对外汉语文化教学的原则

在进行对外汉语文化教学时需要遵循一定的原则，具体来说有以下几个。

（一）服务性原则

对外汉语文化教学的服务性原则指的是文化教学必须为语言教学服务，为培养语言交际能力的教学目标服务。而文化教学为语言教学服务就必须与语言教学的阶段相适应，与学生的语言水平和交际需要相适应。比如，从初级阶段的语言文化因素教学开始，中级阶段结合课文逐步增加国情文化知识的内容，高级阶段则开设一定的专门性文化知识课程。正如不宜脱离教学阶段去选择语言项目一样，文化项目的选择也不能脱离语言教学阶段，要体现由浅入深、由近及远、由简到繁、循序渐进的原则，而且要"适度"，不能借题发挥、喧宾夺主，把语言课上成文化知识课。

（二）针对性原则

对外汉语文化教学的针对性原则指的是在进行对外汉语文化教学时，需要以对外汉语学生在跨文化交际中出现的实际问题为依据，对需要教授的内容进行合理选择。对中国文化的感受，美国学生和日本学生就很不相同，这就需要进行文化对比。和语言对比一样，可以是一对一的对比，即中国文化与对外汉语学生的母语文化相对比，从而形成分国别专用教材，也可以是从分析中国文化出发，实际上是跟许多不同的文化相比较，找出中国文化的特点编写教材。为了加强针对性，与外国学者合作研究是非常必要的。外国学者对中国文化的特点比我们敏感。

（三）宽容性原则

对外汉语文化教学的宽容性原则，指的是教师在教学过程中不可强迫对外汉语学生都接受中国的文化规范，同时要告知对外汉语学生不可用本国文化的规范去评判中国文化。只有这样，对外汉语学生才可能在看待中国文化时拥有正确的态度。此外，教师自己也要增强对对外汉语学生的本族文化与目的语文化差异之处的敏感性和宽容性,即教师不要以为目的语文化都是对外汉语学生知道和接受得了的文化,同样也不要用目的语的文化规范去衡量对外汉语学生所持文化的"对错好坏"。

（四）主流性原则

中国地域辽阔,人口和民族众多,这决定了中华文化的多元化倾向。而且事实上,中华文化在南北之间、城乡之间、各民族之间存在着文化的差别。但是,在对外汉语文化教学中,应尽可能向对外汉语学生讲授中国主流的、共通的文化,不可过多讲授非主流的、地域性的文化。此外,向对外汉语学生讲授的主流的、共通的文化,还应当是有一定的文化教养的中国人身上反映的文化。在当前,中国社会上还能看到一些不文明的举止,但不应该像某些国外的猎奇者或怀有偏见的人那样,把这些缺乏教养的、随着精神文明建设正在逐渐消失的社会陋习说成是中国文化的特点。

（五）时代性原则

在对外汉语文化教学中,所教授的文化应是当下的文化,不可总是局限于传统的文化——一提到婚俗就是坐花轿、拜天地,一提到春节就是叩头祭祖。这对于培养对外汉语学生的跨文化交际能力是十分不利的。也就是说,对外汉语文化教学要遵循时代性原则,以便彻底改变一些外国人至今仍认为中国人是拖着长辫子、裹小脚的误解。

（六）发展性原则

随着社会的发展和改革的深入,再加上不同文化的影响,中国文化也会获得进一步发展,出现一些新的内容。比如,随着社会经济生活的变化,人们的隐私领域开始扩大,像工资一类的问题也成为禁忌；过去拜访无须事先约定，现在至少也得先打个电话；很多家庭已经不习惯在卧室招待客人等。处于社会变革期的中国，实际上是传统的文化习俗与新的文化习惯并存。因此，在进行对外汉语文化教学时，不可将中国文化特别是习俗文化过于绝对化。也就是说，对外汉语文化教学必须要遵循发展性原则。

四、对外汉语文化教学的形式

在当前阶段下，对外汉语文化教学具有多种多样的形式，其中最常用到的有以下几种。

（一）开设专题讲座

为了使对外汉语学生能够对中国文化形成系统、完整的认识，对外汉语文化教学中常常采用开设专题讲座的形式，即教师通过演讲、讲解的形式向对外汉语学生传授汉语文化知识。

这里需要特别指出的一点是，教师在开设专题讲座进行对外汉语文化教学时，要以对外汉语学生的实际情况为依据，以便讲座的内容更加具有专门性。

（二）组织讨论

在对外汉语文化教学中，组织讨论也是一种经常会用到的形式。具体的操作是，教师在对外汉语学生听完讲座、参加完活动之后，组织其谈一谈自己的心得体会。通过这一形式，可以使对外汉语学生更好地理解、巩固和运用中国文化。

（三）实地参观

在对外汉语文化教学中，实地参观也是一种有效地文化知识传授形式。与课堂授课相比，实地参观具有一定的趣味性。但是，对外汉语文化教学在运用这一形式时，需要明确对外汉语学生在实地参观过程中应完成的学习任务,并要通过观后报告等形式对对外汉语学生参观的效果进行测评。

（四）课堂模拟表演

课堂模拟表演是对外汉语文化教学的一个常用形式,即让对外汉语学生扮演成生活中的某一角色,对汉文化环境和具体场景下的某一交际活动进行表演。这既有助于对外汉语学生掌握体态语言以及口头交际的技巧,还能使其将语言和文化学习有机结合起来,因而深受对外汉语学生的欢迎。

（五）真实场景演练

真实场景演练就是在对外汉语文化教学中,教师适当将文化学习的任务放到社会交际的真实场景中进行实际的演练。通过这一形式,对外汉语学生既能够有机会运用课堂中所学到的知识加强学习的效果,又能从实际的交际过程中获取新的知识,有效提升自己的语言交际能力。

需要指出的是,教师在对外汉语文化教学中运用真实场景演练这一形式时,要切实以对外汉语学生的实际水平为依据。

第三章　新时期对外汉语教学的过程研究

对外汉语教学过程是一个复杂的、多层次的系统,不仅包括对外汉语教学的总体设计,还包括对外汉语教学教材的评估与选用、对外汉语课堂教学活动的开展、对外汉语教学的测试与评估等多个方面,本章内容对其进行具体分析。

第一节　对外汉语教学的总体设计

一、对外汉语教学总体设计的含义

对外汉语总体设计是教材编写、课堂教学以及测试评估等各项教学活动的主要依据,是将其他各个环节进行协调统一的重要步骤。确切来说,对外汉语教学的总体设计是"根据语言规律、语言学习规律和语言教学规律,在全面分析第二语言教学的各种主客观条件、综合考虑各种可能的教学措施的基础上选择最佳的教学方案,对教学对象、教学目标、教学内容、教学途径、教学原则以及教师的分工和教师的要求等做出明确的规定,以便指导教材编写(或选择)、课堂教学和成绩测试使各个教学环节成为一个互相衔接的、统一的整体,使全体教学人员根据不同的分工在教学上进行协调行动"①。

对外汉语教学是一个十分复杂的系统工程,其中包含了与教学相关的多个环节,而且存在着种种矛盾。首先,表现为教学原

---

① 陈昌来:《对外汉语教学概论》,上海:复旦大学出版社,2010年,第84页。

则的适用性。其次,表现为教学类型与教学方案的对应性。为使各个教学环节顺利开展,有效解决教学过程中出现的矛盾,就要对具体情况进行综合性分析,找到符合教学要求、符合语言学习规律和语言教学规律的最佳方案,并贯彻到教学的各个环节中去。

对外汉语教学的总体设计在对外汉语教学过程中发挥着重要的作用,一方面能够帮助我们找到最佳的教学方案,另一方面能够协调各个教学环节,使整个教学过程形成一个统一的有机整体。可以说,对外汉语教学的总体设计就是从宏观上对教学全过程和全部教学活动进行控制和把握。所以说,对外汉语教学的总体设计是开展其他教学环节的重要前提。只有这样,才能使得对外汉语教学内部各种因素和各个环节之间的关系达到宏观上的协调一致。

二、对外汉语教学总体设计的程序与方法

在进行对外汉语教学总体设计时,应按照特定的程序和方法,这样能够使对外汉语教学总体设计更具规范性,并形成一定的体系,同时也能够明确各个环节的相关内容,有利于对外汉语教学的顺利开展。具体而言,对外汉语教学总体设计的程序和方法主要包括以下几点。

(一)明确教学类型

明确教学类型是总体设计的第一步,不同的教学类型适应不同的教学对象,决定了教学目标、教学内容、教学原则和教学方法的选择。教学类型的划分,主要以教育性质、教学任务、教学时限以及教学组织形式等为依据。目前,我国对外汉语教学的类型主要是按照教学期限和学习目的进行划分的,可分为本科专业、长期班和短期班;非学历教育的预备教育、特殊目的教育。

（二）分析教学对象

分析教学对象，也就是对学习者的相关情况进行分析，这是确定对外汉语教学目标的主要依据，能够使对外汉语教学更具有针对性。具体而言，主要应从以下几方面入手。

1. 自然特征

所谓自然特征，是指学习对象的国别、年龄、文化程度、第一语言及文化背景，等等。这些自然特征在很大程度上决定了教学内容、教学方法和教学原则的选择与确定。国别不同、第一语言文化与目的语文化之间的关系不同、年龄不同，教学原则和方法的选择也是不同的。

2. 学习目的

学习目的具体包括职业工具目的、职业目的、教育目的、学术目的、临时目的。不同的学习目的对第二语言教学目标和内容的选择起着决定性的作用。对外汉语教师应根据学习者的学习目的来制定相适应的教学方案。

3. 学习时限

学习时限的设定主要以学校的教学制度为依据，如本科（4年）、进修（1年、2年）的学习期限等。当然，也有根据学习者的特殊要求而定的，如短期进修、短期强化。学习时限也对教学目标和教学内容的选择有着重要的影响。换言之，对外汉语教师在确定教学目标和教学内容时，既要考虑与学习目的、学习要求保持一致，也要考虑学习时间的限定性因素。

（三）确定教学目的与目标

确定教学目的与目标是对外汉语教学总体设计的关键环节，可以说，教学目标制定得是否合理，直接影响到对外汉语教学内容的选择，影响到对外汉语教学的质量，下面对其进行具体分析。

1. 确定教学目的

对外汉语教学的开展主要为了实现教学目的。总体而言,培养全面发展的人才是教学的主要目的,教学目的因教学类型不同而有所不同。

具体来说,对外汉语的教学目的主要包括"掌握汉语基础知识和运用汉语进行听、说、读、写基本技能,培养运用汉语进行交际的能力;提高学习汉语的学习兴趣和方法,培养学习汉语自学能力;学习和了解中国文化、历史和中国社会"[①]。

2. 确定教学目标

所谓教学目标,就是培养学生具备完善的知识结构和能力结构,提升学生的语言能力,使其能够熟练地运用目的语。教学目标主要包括使用目的语的范围和目的语水平的等级两个方面。

（1）使用目的语范围

使用目的语范围主要是指在什么领域和范围内使用目的语。有的是把目的语作为职业工具,而有的是把目的语作为职业的条件。来自不同行业的人学习目的语的具体目的也有所差别,如有些人运用于旅游服务业,有些人运用于商业贸易,也有些人是为了专门的考试。

（2）目的语水平等级

目的语水平具有等级差异,分为初级、中级、高级。对外汉语的教学目标包括培养学习者达到目的语水平的某个等级。目前,对外汉语教学大都分为初、中、高三个等级,每个等级都有各自不同的要求。

初级要求学习者掌握日常生活用语和比较容易的社会交际用语,学会最基本的语法项目,拥有一定的语用知识。

中级要求学习者在日常生活和社会生活中能够自由地进行口语表达,能够看懂一般的报纸新闻,能够担任初级翻译,基本掌

---

① 　陈昌来:《对外汉语教学概论》,上海:复旦大学出版社,2010年,第86～87页。

握各个语法项目和一般的语用规则,并具有一定的自学能力。

高级要求学习者的语言基本过关,掌握基本的语法和语用规则,具有一定的修辞知识,能够比较自由地进行口头表达,能够听懂一般的新闻广播,能够担任中级翻译。

（四）选定教学内容

选定对外汉语教学内容,首先必须对语言能力和语言交际能力的构成因素和形成过程有一定的了解。通常认为,人的语言能力和语言交际能力由语言要素、语用规则、相关的文化背景知识、言语技能和言语交际技能等因素构成,因而对外汉语教学内容的确定要以这些因素为依据。

（五）确定教学原则

教学原则主要取决于一定的教学理论,而教学理论是在语言学理论、心理学理论的基础上形成的。为了使对外汉语教学活动顺利开展,对外汉语总体设计的教学原则应包括以下几点。

1. 处理好言语要素、言语技能和言语交际技能之间的关系

在处理言语要素、言语技能和言语交际能力三者关系时,不同的教学法具有不同的侧重点,这就涉及怎样进行言语技能与交际技能的训练、怎样处理言语要素和语言知识的关系等等,如结构语言学以语法结构作为大纲对教学顺序进行编排,以语言要素为中心对语言材料进行组织;"功能法"以功能项目为大纲对教学顺序进行编排,以言语交际技能训练为中心对语言材料进行组织。

2. 选择好言语技能训练方式

言语技能训练方式主要包括综合训练、专项训练、综合训练和专项训练相结合等,应根据具体的教学内容进行选择。

3. 选择好言语交际技能训练的方式

目前对外汉语教学中,关于言语交际技能训练的方式主要有

以结构为纲,兼顾功能;以话题为中心,注重结构和功能结合两种。

结构和功能相结合是目前一条重要的教学原则,其中语言结构是基础。相关实践证明,第二语言学习者想要迅速获得语言交际能力,就必须重视早期系统的语言要素的学习。功能是语言教学的主要目的。学习语言结构是为了进行交际,因而语言要素要为功能服务,语言要素的教学必须与功能教学相结合。

4.处理好语言和文学的关系

处理好语言和文学的关系,主要是处理好文学作品在语言教学中的运用,尤其是要处理好在高级阶段的阅读课教学中,应适当选用文学作品。

5.处理好语言要素之间的关系

语言要素主要包括语音、语法、词汇,对外汉语教学中还包括汉字。不同的教学阶段,语言要素教学应有所侧重。需要注意的是,语言诸要素只有组成句子或话语时,才能充分发挥交际工具的作用,因此,对外汉语教学主要以句子和话语为重点,进行语音、语法、词汇综合教学。

（六）规定教学途径

所谓教学途径,是指将教学目标、教学内容和教学原则贯彻到教学过程中去,教学途径与教学活动的开展直接相关,同时也直接关系到学习者汉语水平的提升,具体来说,规定教学途径主要应包括以下三项内容。

1.教学阶段

为突出不同阶段教学的特点和重点,对外汉语教学应划分不同的教学阶段。目前,教学阶段的划分主要依据要到达的目的语水平等级。目的语的水平等级一般分为初级、中级和高级,教学中还可以在每个大的教学阶段再细分出若干个小的阶段,和具体的教学目标相适应。

2.课程设计

课程设计是对外汉语教学总体设计的核心内容,同时也是联结各个环节的中心环节。课程设计主要以教学类型、教学对象、课程类型为依据,在具体的教学单位还要考虑各种主客观条件,开设何种课程和课型要考虑教学对象的知识结构和能力结构。总之,要根据各个教学单位特定的教学类型来进行课程设计,将全部教学内容合理地分布到有关的课程和课型中去,较好地体现既定的教学原则。

3.课时安排

总课时和周课时的安排要与教学目标和教学内容保持一致,要结合学习者具体的特点,使其能够有效促进学习者汉语水平的提升。

（七）明确教师分工和对教师的要求

在对外汉语教学中,教师要有一定的分工,并要与担任不同课型教学工作的教师进行配合。具体而言,教师应对总体设计的内容和安排以及教学总体情况有一个整体的了解,明确自己在整个教学过程和全部教学活动中的地位,明确自己所承担的教学工作与其他教学任务之间的关系,并配合好协调好相关的教学工作,从而更好地实现自身的教育目的。

第二节　对外汉语教学教材的评估与选用

一、对外汉语教学教材的评估

教材是涉及授课内容的各种材料,在教学活动中占有重要地位。教材必然反映一定的教学理论,为课堂教学和测试评估提供必要的依据。选择适当的教材对于教学的成功具有重要意义。在选用教材之前,应该对对外汉语的教材进行评估,在评估对外汉语的教材时必须遵循以下几个原则。

（一）实用性

对外汉语教材主要是为教学服务的,而对外汉语教学主要是为提升学习者的语言能力。因此,对外汉语教材必须具有很强的实用性。具体而言,对外汉语教材的实用性主要体现在以下三个方面。

1.教学内容的实用性

在选择和确定教学内容时,要充分考虑学习者的学习需求,选择学习者在日常生活、工作或学习中常用的内容、语境、话题,学习者最急需掌握的教学内容。通俗地说,要说得到、用得着,教学内容和处理方式有助于真正提高学习者在社会生活中实际运用语言的能力。

2.语言材料的真实性

要选择现实生活中鲜活的、实用的语言材料,尽量避免使用无实际意义的书面语言。

3.教学方法的实用性

教材一方面要为学习者提供必要的理论知识,另一方面还要提供大量的练习。练习是提升学习者技能和能力最有效的方法之一,因此,在编写对外汉语教学方法时,要尽量做到生动有趣,形式多样化,并有一定的层次。

（二）科学性

对外汉语教材要保证其内容科学、准确,符合规范,具体应体现为以下两点。

1. 要教授规范、通用的汉语汉字

语言的规范、知识的准确以及内容组织的合理是教材科学性的重要体现。教学的内容应符合已经公布的对外汉语教学等级标准和大纲,教授学习者规范、通用的汉语汉字。

2. 教学内容的组织要符合语言教学规律

教材中的语言教学内容的选择和处理要符合学习规律和教学规律,教学内容的编排顺序应做到循序渐进,即由易而难,由浅入深,教材框架合理,具有逻辑性和系统性,适合大多数学习者的接受程度;题材内容要逐渐涉及和扩大到社会生活交际、政治、经济和文化等各个领域。为有效地帮助学习者不断地循环复习,科学地记忆,应当对新词语和语法点进行合理分布,适当分散难点。

另外,对语言现象的解释一定要做到准确、规范,避免误导学习者。教材内容所反映的内容一定要具有时新性,做到与时俱进。当然,在吸收新的研究成果时,也要注意采取谨慎的态度。

（三）知识性

知识性是指教学内容中要包括一定量的新知识,这些新知识的设定一定要充分考虑学习者的需求和兴趣,使学习者在学习语言的同时,能够获得实用性的知识和乐趣,进而提高学习的热情。因此,在教材的内容方面要注重吸收文化风俗、历史地理等各个方面的相关知识内容。

（四）趣味性

只有具有趣味性的教材,才能激发学习者学习的兴趣,使其具有学习的积极性和主动性,将学习语言的过程变得更加轻松、有趣,进而提高学习效率。教材的趣味性主要体现在教材内容的生动形象、编排方式的生动活泼、教学形式的活泼多样。教材内容的趣味性与教材的实用性、交际性具有十分密切的关系。特别在初级阶段,学习者课上所学习的内容要与学习者的日常生活需要紧密结合,也就是课后立即能够运用课上所学的内容,就自然产生学习的动力。随着学习水平的提高,教材内容需要逐步扩大,要加入文化内容,尤其是中高级语言教材要反映社会现实生活,选择学习者所关注与感兴趣的话题或者含有丰富的文化内涵的话题,这有助于保持和激发学习者的学习热情,提高学习者浓厚的学习兴趣。对于不同年龄段、不同学习目的、不同文化背景的学习者来说,教学内容的趣味性是不同的,这一点尤为重要。

二、对外汉语教学教材的选用

对外汉语教学教材的选用要满足以下要求,一是选择合格的教材,即符合一般意义上的汉语作为第二语言／外语教材编写规律的教材;二是选择合适的教材,即适合特定的教学对象、教学环境和教学需求的教材。合格是教材选用的前提,在合格的基础上选择符合学习者、教学目标的教材。

（一）选用"合格"的教材

"合格"的教材,就是符合对外汉语教材编写基本原则的教材,即实用性、科学性、知识性、趣味性、针对性等。其中实用性、科学性、知识性、趣味性在前面已经提到,针对性是指教材有明确的使用者／学习者定位,内容选择和处理方式要针对教材使用者／学习者特点,选择准确的教学重点、恰当有效的处理方式。

一部教材在多大程度上遵循了这些主要原则,决定了该教材是否称得上是"合格"的教材,乃至"优秀"的教材。具体来说,一部"合格"的教材在总体设计、课文内容、语言处理、练习编排等几个方面应满足一定的要求,如表 3-1 所示。

表 3-1　"合格"的教材需要具备的条件

总体设计	1. 有明确的使用者定位
	2. 有明确的技能训练目标定位
	3. 以培养语言能力和语言交际能力为导向
	4. 相应的教学难度定位合适
	5. 相应的教学容量定位合适
	6. 遵循的编写原则比较科学
	7. 反映出的教学法思路比较明确、完善
	8. 有必要的配套材料
课文内容	1. 内容真实实用
	2. 内容生动有趣
	3. 语言典范精练
	4. 语言自然流畅
	5. 语言难度适当
	6. 语域选择准确
	7. 文化取向恰当
语言处理	1. 教学难度循序渐进
	2. 教学内容针对性强
	3. 语法和词汇复现率高
	4. 语言要素教学的处理方式科学、恰当
	5. 吸收语言教学和语言学习研究的新成果
	6. 兼顾形式与意义，结构与功能
	7. 说明文字准确、清楚、通俗、规范
	8. 翻译准确、流畅
练习编排	1. 与教学内容关系密切
	2. 目标明确，方法科学
	3. 形式多样，数量适当（但以量大为好）
	4. 教学上可操作性强
	5. 难度上有层次
	6. 兼顾机械性操练和交际性活动

外观	1. 开本合适
	2. 版面生动
	3. 印刷精良，明朗醒目
	4. 插图与教学内容配合密切
	5. 字体、字号与教学内容和语言水平相适应

（二）选用"合适"的教材

教材质量合格是选用教材的重要前提，但合格的教材不一定是"合适"的教材。选择教材的另一个基本出发点是教材的适用性，也就是所选择的教材是否适用于特定的教学需求，具体来说，主要应从学习者、教学者、课程体系和教学环境等方面考虑。

1. 学习者

学习者因素包括目的语水平、年龄、个性、语言背景、学习动机、学习条件、学习风格、学习策略、目标任务、文化背景等。在选择教材时，我们首先要考虑这样一些问题：教材设定的教学目标是否与学习者的学习目标相一致，教材内容是否与学习者的兴趣相符合；对于特定的学习者来说，教材的难度是否恰当合理、教材的容量是否合适相宜，教学内容的处理方式是否妥当稳健、是否鲜明地体现出学习者的目标任务，教学内容是否取得了较高的文化上的可接受程度，等等。

例如，一些学习者仅仅需要发展听说技能，而不需要具备读写技能，他们希望集中精力、一心一意地提高自己的听说水平。对于这样的学习者而言，一般的听说教材已经不再合适，我们需要为他们寻找的应该是一套以纯拼音形式呈现的教材。而对于一些技能发展不平衡的华裔学习者而言，他们的要求可能恰好相反，其已经具备了相当强的听说能力，但是读写能力很差，甚至不认识汉字。对于这样的学习者，我们需要寻找一套重在培养读写能力的读写教材，且这种教材应该跟用于一般的汉语非母语背景的学习者所使用的读写教材具有一定区别,但也不是一部单纯的汉字教材。

2. 教学者

选用什么样的教材还跟对外汉语教师的教学理念具有一定的关系。教材的类型一方面取决于教学需求,另一方面还取决于教学理念。不同的教学理念会形成不同的教学法,也必然会产生不同的教材,如听说法的教材与交际法的教材具有很大的差别。对外汉语教师自然会倾向于选用与自己的教学理念相契合的教材,这有利于发挥其所长,达到其所预期的教学效果。

另外,教材在教学中是否好用,也是对外汉语教师衡量教材是否适用以及适用程度的一个重要方面。所谓"好用",包括:教材是否提供尽可能完备的教学材料,如是否有教师用书,是否配备必要的音像、影像资料,是否有网络资源的支持等;教材是否为教师根据具体的教学要求选择、增删、变通教学内容提供了一定的空间,如有的教材提供了备选材料、补充词语等。

3. 课程体系和教学环境

除了学习者和教学者方面的因素以外,选用教材时还要看教材是否与课程体系的总体安排和教学目标的具体要求相符合,这大致包括以下几个方面。

第一,是否与课型安排的需求相符合。例如,对外汉语教学的某节课是综合教学还是分技能教学,教师必须对此做出抉择,再据此决定选择何种教材。

第二,是否与课程系统性的需求相符合,教材体系内部的纵向衔接和横向配套问题如何。例如,某部教材是只有独立一册还是构成初、中、高系列,如果不成系列,它能否跟其他教材相衔接和配合。这些问题都是在选用教材时需要考虑的。

第三,教材的教学容量是否与教学项目的总教学量基本一致。例如,一个为期四周的短期培训项目,就不宜选择需要八周或只要两周能够完成的教材。再如,把面向来华学习者的汉语教材用在国外汉语教学时通常会有不适应的情况,这主要表现在教材内容、教材的容量等方面会出现问题。国外汉语教学的周课时一般会远远少于中国国内,以致一册在国内使用一个学期的教材,而在国外使用时可能要持续一个学年甚至更长时间,这种情况很容易导致学习者的厌倦感。

教学环境主要指三种情况:一是教学条件是否能满足教材的特定要求,如一本听力教材所配备的可能是磁带、CD;二是在课堂学习还是在课外或校外环境里学习;三是教学的环境是在中国还是在国外,也就是说汉语作为第二语言学习还是作为外语学习。

此外,教材的价格、购买是否方便等,也是影响对外汉语教师选用教材的不可忽视的因素。需要特别指出的是,没有百分之百适合特定教学需求的教材,所谓选用教材的过程就是对比教材的过程。一套教材"适合"于特定的教学需求,是相对于其他教材来说的。

第三节　对外汉语课堂教学活动的开展

一、对外汉语课堂教学活动的设计

对外汉语课堂教学活动设计是教师以学生的学习情况、教学目标、教学内容等为主要依据,对课堂教学的规划,教师应合理安排教学环节、并对课堂中可能出现的问题进行预设,做好应对的准备,下面主要从对外汉语课堂教学活动设计的作用、内容、形式方面对其进行具体分析。

(一)对外汉语课堂教学活动设计的作用

作为一种有意识、有目的的教育活动,课堂教学活动的基本特征是预设性,预设是保证教学质量的基本要求,而对课堂教学活动的预设就是课堂教学活动设计。

有效的课堂教学活动设计是课堂教学取得成功的必要条件,它主要具有以下几个作用。

1. 引导作用

对教师教学而言,课堂教学活动设计具有引导作用。课堂教学活动设计是用系统的观点和方法,依据教学目标和教学对象的需求和特点,对各种教学活动进行周密计划和组织,选择相应的教学资源和手段,建立科学合理的评价方案,进而使教学效果取得最大化。可见,课堂教学活动设计在很大程度上设定了教学的预期结果,指引着教学活动的方向,对教师的教学实践具有直接的引导作用。

2. 调控作用

对教学过程而言,课堂教学活动设计具有调控作用。在课堂教学活动设计完成以后,整个教学活动实际上是一个逐步实施教学方案的过程。科学合理的课堂教学活动设计可以对整个教学活动的进程实施张弛有度地控制,在有序的进程中放手开展课堂互动。在控制与放手的相互作用下,教师不断调整教学方法、进度,动态的设计可以保证教学方案最优化、教学和学习效果最大化。

3. 鼓励作用

对学习者学习而言,课堂教学活动设计不仅具有一定的学习引导作用,而且具有重要的鼓励作用。有效的课堂教学活动设计可以引导学习者注意课堂教学活动的重要信息,促使其及时将教学目标转化为自己的学习目标,从而引导自己的学习行为,积极参与课堂教学活动。教学设计要符合学习者的学习心理,使学习者意识到课堂所开展的各项教学活动是有价值的,从而采取积极有效的措施,去完成自己的知识建构和能力发展。

4. 评价作用

对教学效果而言,课堂教学活动设计具有评价作用。课堂教学活动设计中教学目标的认定、教学内容的选择,是进行教学效果评价的重要参照指标。教师要以教学目标为依据,以教学内容为素材,选择各种评价方式(诊断性评价、形成性评价、总结性评价),对教学效果进行及时的评价和反馈。例如,形成性评价的重要依据之一就是观察课堂教学活动,而评价的结果和反馈可以提高教师课堂教学活动设计的能力,增强教学工作的科学性,提高教学效率和教学效果。

(二)对外汉语课堂教学活动设计的内容

课堂教学活动设计的内容都是以一课书为单元连续进行的,因此,在开始设计时首先要精读本课书的内容,在研读大纲和通读教材的基础上,读懂、领会本课内容。由此开始进入课堂教学活动设计流程:阐明教学目标→设定教学起点→确定教学重点、难点和教学顺序→设置教学程序→选用教学方法、课堂组织形式和教学媒体→进行教学评价。

1.阐明教学目标

尽管教学目标是预设的,从某种意义上说它是一种主观愿望,但教学目标的确定是以一定的语言理论、教学理论和学习理论为依据的。在课堂教学活动设计中,首先要规定教学活动所要达到的目标或标准,为教师的教学和学习者的学习提供依据和目标。

2.设定教学起点

设定教学起点是对教学对象进行分析的结果。

(1)对学习者的分析

对学习者的分析主要包括以下两点。

第一,对学习者一般特征的分析。"学习者的一般特征指影响学习者学习行为的、与具体学科内容没有直接联系的生理、心理和社会特点,包括年龄、性别、认知成熟度、学习动机、个人对学习的期望、工作经历、生活经验,以及经济、文化、社会背景等。"[1]

---

① 崔永华:《对外汉语教学设计导论》,北京:北京语言大学出版社,2008年,第83页。

在课堂教学活动设计之前,教师应全面了解学习者在一般特征方面的共性和个性,这是为了在教学活动设计时能够"顾全大局",更有针对性。

第二,对学习者初始能力的分析。分析学习者的初始能力,主要是要了解学习者已经具备了哪些学习新内容的条件和基础,也就是说,我们要了解学习者已有知识、技能的"储备"。这是对其展开教学的重要前提。此外,还要了解学习者是否熟悉将要学习的内容,学习者对将要学习的内容的态度和认识。总之,分析初始能力可以帮助我们确定教学起点,因此它是进行课堂教学活动设计必不可少的部分,也可以说是课堂教学设计中分析教学对象的主要内容。

教师还应具有分析学习者学习策略和学习风格的意识,根据学习者具体的学习策略和学习风格,不断对课堂教学活动设计进行调整,做出最优化的方案,促进学习者的汉语学习。对学习者学习策略和学习风格的了解主要是在教学过程中,通过对课堂和课外学习活动的观察等方式进行。

（2）对大纲和教材的把握

教学起点的确定也与对教学大纲和教材的整体把握有一定关系。教学大纲和教材的内容都是有连贯性和系统性的,本课的教学以先前相关教学内容为基础,又成为以后相关教学内容的起点。因此,教学起点的确定也要考虑教学内容的连贯性、系统性和阶段性。

3.确定教学重点、难点和教学顺序

在阐明教学目标,设定了教学起点之后,就要依据教学目标和学习者水平来处理教材,判断取舍教学内容的难易多寡,明确教学重难点,合理安排教学顺序。

（1）根据学习目标确定教学重点

教学目标划定了教学任务,从学的角度来讲,是指学习者在学完某个指定教学内容以后应该能够做的事情;从教的角度来讲,是教学活动所要达到的结果,它囊括了主要的教学任务。因此,可以根据教学目标确定教学重点。在对外汉语课堂教学活动中,不同的教学阶段、教学内容和不同的课型会有不同的教学重点。教师要把对教学重点的认识和把握贯穿到每一个教学环节和教学活动中去。

（2）根据学习者情况确定教学难点

教学难点是通过对学习者的分析,从学习者母语与汉语的对比中,从对学习者初始能力的分析中确定的。在实际教学过程中,不同的学习者可能会有不同的教学难点,同样的教学内容,有的学习者觉得难,而有的学习者觉得容易。因此,教师对学习者个体特点的了解是非常重要的。教学难点是对于大多数学者来说困难的内容,教师应对这一部分内容进行着重处理,当然也不能忽视个性化的帮助。

（3）根据语言规律、认知规律和课型特点安排教学顺序

教学顺序是课堂教学活动设计中对教学内容的排序。词汇的讲解可以按照词汇规律特点安排讲解,而不必按照词汇表的呈现顺序。按照认知规律安排教学内容,就是要突出重点、分散难点,以求最优化的教学效果。根据课型特点安排教学顺序,主要体现在对词汇、语言点、课文和练习等几部分内容的处理上。比如,口语课要以对话／课文为主,通过对话认知语用规则,训练交际技能,所以可以在处理生词后直接进入对话教学,语言点随课文解释,以帮助领会课文为目的。精读课的常规顺序是先讲词汇,再集中处理语言点,最后讲解课文,练习可以分解为关于词汇的、关于语言点的和关于课文的而随各部分讲解穿插完成。而听力和阅读课,到中高级时甚至可以先进行课文的听读,以训练学习者跳跃生词障碍和猜词的能力,然后再对生词和语言点进行处理。

4.设置教学程序

教学程序就是教学活动的顺序,它是课堂教学设计的重要部

分,对教学效果具有一定的影响。课堂教学活动的程序是有层次、分阶段的。首先是一课书教学的完整程序。如果一课书的内容刚好可以在一个教学时间单位完成,那么一课书的教学程序就和一个教学时间单位的教学程序一致;如果一课书的内容不能在一个教学时间单位完成,就要把一课书的内容分解成几个部分安排在几个教学时间单位完成,这时一课书的教学程序和一个教学时间单位的教学程序就不一致。为了有所区别,我们常把一课书的教学程序称为课时计划或课时安排。其次是一个教学时间单位的程序,这就是课堂教学的实施程序。

5. 选用教学方法、课堂组织形式和教学媒体

（1）选用教学方法

就课堂教学活动而言,教学方法就是教师用以完成教学目标、达到教学目的的方式、手段和技巧。具体而言,对外汉语技能培养,主要是通过具体的课堂教学活动实现的,主要包括听力技能的课堂教学活动（表3-2）、口语技能的课堂教学活动（表3-3）、阅读技能的课堂教学活动（表3-4）、写作技能的课堂教学活动（表3-5）,这些课堂教学活动也是一些教学方法。

表3-2 听力技能课堂教学活动举例

听前活动	听时活动	听后活动
·明确听的目的 ·激发兴趣和欲望 ·熟悉话题 ·预测大意 ·处理关键词 ·布置任务	·边听边操作 ·边听边选择、填空、连线、画图、补全信息 ·边听边做笔记 ·判断真伪	·讨论 ·根据所听内容进行口头或笔头转述 ·根据笔记写出梗概 ·利用听到的信息,以同一题目为主题,从另一个角度写出一个文段

表 3-3　口语技能课堂教学活动举例

说前活动	说话活动	说后活动
·明确目的 ·激发兴趣 ·熟悉话题和语境 ·语言准备 ·分配角色和任务	·描述人物和事件 ·报告过程和结果 ·角色扮演 ·交换信息 ·讨论 ·演讲 ·辩论	·汇报结果 ·讲评 ·书面表达活动

表 3-4　阅读技能课堂教学活动举例

读前活动	阅读活动	读后活动
·明确目的 ·熟悉话题 ·预测内容 ·预测词汇 ·激发兴趣和欲望 ·布置任务	·略读 ·找读 ·根据所读内容画图、标图、连线、填表、排序、补全信息 ·为课文选择或添加标题 ·根据所读内容制作图表 ·边读边操作 ·判断真伪	·转述所读内容 ·根据所读内容进行角色扮演 ·讨论 ·改写 ·续尾 ·写摘要

表 3-5　写作技能课堂教学活动举例

写前活动	写时活动	写后活动
·激活灵感 ·激发兴趣 ·明确目的和读者对象 ·讨论主题 ·搜集素材 ·语言准备 ·阅读范文 ·写提纲	·写初稿 ·规划文章结构 ·填空 ·看图作文 ·图文转换 ·仿写 ·连句成文	·自我修改 ·相互修改 ·个人或小组面批 ·检查语言、文法、逻辑、用词、润色 ·制作板报，墙报

　　实际上，教学方法具有多样性，而且在不断创新发展。教师要熟悉基本的教学方法和技巧，依据教学目标、内容、对象做出有效、优化的选择。在实际课堂教学活动中，教师应根据教学目的选择教学技巧，应当优先选择交际性强的技巧、优先选用节省时

间的技巧,使用技巧要有明确的目的。

（2）教学组织形式

课堂教学活动可以有多种组织形式,可以按照班级规模和信息传递或交流方式来组织。从班级规模看,可以选择集体或大组（15人左右）、小组（3～5人）、两人组或个别学习的形式;从信息传递或交流的方式看,有学习者自学的形式,有信息互动和交流的集体或大组讲练形式（如师生互动问答、生生互动问答等）,单项信息传递的集体或大组授课形式,也有小组的互动形式（如相互问答、讨论、完成任务等）、两人组的角色扮演或师生辅导形式等。教师可以根据教学目的和要求选择不同的课堂组织形式进行教学。

集体或大组形式主要用于介绍新课的学习内容和目的要求,讲解语法点和词语用法等语言知识,进行单元复习、小结等。小组活动可以是在一个教师和一个学习者之间进行,也可以是学习者与学习者之间交流、交换并分享信息,共同完成学习任务,为保证活动的顺利进行,需要教师充分发挥启发、引导、帮助、监控和评价作用。两人组形式常用于角色扮演或互相问答等,有时教师也会对学习者进行个别指导或辅导,要注意的是,在课堂上采用这种形式很容易忽略其他学习者的存在,因此,要对两者之间的关系进行正确处理。个别学习是指在教师的指导下,学习者在课堂上自学,如阅读教材、做练习,在语言实验室课上看或听音像材料等。课堂上适当的个别学习有时是必需的,可以给学习者思考的空间,自己去"体验"汉语。

为了教学需要,根据不同的教学安排、教学进程和教学对象,选择适当的课堂组织形式不仅有助于提高教学效率,而且易于实现教学目的。

（3）选用教学媒体

教学媒体是教学必不可少的工具和手段,承担着传递教学信息的功能。课堂教学设计的任务之一就是要选择和确定教学媒体。传统教学媒体,如黑板、挂图、纸质教材等在对外汉语教学中依然起着重要的作用,但早已有了突破和拓展,如电子白板取代了黑板。除此以外,多媒体和网络业已成为现代教育的有效传媒。徐英俊对传统教学媒体和现代教学媒体做了一个分类(表 3-6),教师在选用教学媒体时可以作为参考。

表 3-6　教学媒体的分类

教学媒体	传统教学媒体	直观教具	仪器、实物、标本、模型、黑板、印刷材料等
		示意教具	图片、地图、表格等
	现代教学媒体	听觉媒体	录音、激光唱盘、广播等
		视觉媒体	幻灯、投影、电影、电视、录像、激光视盘等
		系统媒体	语音教学系统、计算机辅助教学系统等

一般而言,教学大纲都会对使用教学媒体和手段提出相应的要求,把选择恰当的教学媒体和手段看作是一项教学原则。在越来越丰富的教学媒体中,教师应该明白每种教学媒体的功能,以确定适合自己使用的教学媒体。另外,选择教学媒体还要依据教学目标、教学内容、教学对象以及教学的条件。

6.课堂教学活动评价

在实施教学的过程中和实施教学之后,要进行及时的教学评估,它不仅是课堂教学活动设计,也是整个课堂教学过程的一个重要组成部分。教学评价,一方面是要检查一下之前的教学活动设计是否合理;另一方面是要对教学效果和教学质量进行评估,评价既定的教学目标是否实现,教学内容学习者是否掌握、掌握的程度,等等。因此,教学评价的目的是进一步对课堂教学进行改善和优化。

按照评价功能和评价时间可以将教学评价分为安置性评价、终结性评价、形成性评价、诊断性评价。在设定教学起点时对学习者初始能力的分析可以视为安置性评价。终结性评价是在某个教学项目／课程结束时进行的,用来检查学习者最终的"学业成绩"。形成性评价是在对外汉语教学过程的运行中进行的,是为了使教学效果更好更理想而修正其本身轨道所进行的评价。诊断性评价是在某个汉语教学项目/课程开始前或教学活动过程中进行的,目的是找出学习者的学习难点和存在的问题以便对症下药,使教学更加具有针对性。

评价课堂教学活动的方法有多种,可以是课堂观察、测验、学习者访谈、师生自评、问卷调查等。及时、恰当、有效的评价课堂教学活动(效果),不仅可以使学习者掌握自己的学习情况,获得良好的学习成绩,增强自信心,也可以使教师获得有效的反馈信息,对教学进行反思,改进教学设计和教学方法,以便促使教学效果最大化。

(三)对外汉语课堂教学活动设计的形式

对外汉语课堂教学活动设计的形式主要表现为教案的编写。教案就是教学方案,是课堂教学活动的规划与预设,也是课堂教学活动实施的重要依据。课堂教学活动设计是教案编写的重要基础,而教案的编写过程就是合理、恰当地表述出来课堂教学活动设计的整个流程的过程。可以说,课堂教学活动设计与教案编写是同时进行的。

1.教案的内容

(1)一门课程的教案

一门完整课程(或整本教材)的教案主要包括以下两大部分,第一,教案正文,指一课书的具体教学方案,它们随教学进度持续完成,当然也可以全部完成于教学活动正式开始之前,但要随着教学过程的展开,根据具体的教学情况进行及时的调整与完善。第二,教案附件,要写明课程名称、教材、授课对象、授课时间、授课地点等一些基本信息,同时还要写上课堂教学设计的前期准备时所做的研读大纲和课程标准、了解教学对象、通读教材、分析课时量和教学任务量等工作结果,这部分内容对整个阶段的教学都有指导作用和参考价值,一般在接受教学任务后就可以一次性完成。全部教学工作完成以后的总结(教学总结)也是教案附件的内容,可以在学期最后完成。

一般情况下,我们可以按照基本信息、教学计划、学习者信息、教案正文和教学总结这几个板块来撰写教案。

(2)一课书的教案

一般所说的教案多是指一课书的教案。它是一门课程(或整本教材)完整教案的正文部分。主要包括以下几方面内容。

①课题:第几课,课文标题。

②教学目标:从语言知识、语言技能、策略和文化意识等方面提出本课所要达到的目标。

③教学起点:明确学习本课学习者必须具备的相关知识、技能以及认识态度等。

④教学重点、难点:根据教学目标、学习者情况确定重点、难点,根据语言规律、认知规律和课型特点安排教学顺序。

⑤教学程序:对整课书教学的程序做出安排和时间分配。

⑥教学实施:如果分为若干教学时间单位,以各教学时间单位为设计单元,从教学过程、教学方法、课堂组织形式、教学手段等方面设计教学过程。

⑦教学后记:完成课堂描述,及时进行教学反思。

2.教案的形式

教案不必拘泥于一种形式,教师可以根据自己的习惯和爱好选择使用方便的设计形式。常见的教案设计形式有条目式(记叙式)教案、表格式教案和卡片式教案三种。

(1)条目式(记叙式)教案

条目式(记叙式)教案是最常见的,因为它逐条撰写,可长可短,不受书写空间的影响和限制,比较灵活自由。通常可以在纸页右边留出大约一寸的空白,方便对备课内容进行随时补充、添加、修正。有些教学单位印制有右侧留有空白的专用备课本。

（2）表格式教案

表格式教案直观清晰，里面所有的内容一目了然；教学内容繁多时还可以复式呈现教学程序、教学实施的内容，是很好的教案形式。但是，为方便教师使用，要根据教案各项目内容多少考虑表格设计大小问题。有一些教学单位有印制好的表格式教案设计（活页），使用起来比较方便。表格式教案可以有多种形式，教师可以根据自己的创意设计。下面是一种表格式教案形式（表3-7）。

表 3-7　表格式教案形式之一

课文题目				
教学目标				
教学起点				
教学重点、难点				
教学程序	教学实施			
	教学过程	教学内容与方法	组织形式	教学手段
第1—2课时				
第3—4课时				
第5—6课时				
教学后记				

（3）卡片式教案

有些很有教学经验的对外汉语教学教师非常了解教学目标、教学程序，甚至基本教学内容，为了提示教学的重点和难点，补充特别的例句或要采取特殊的教学手段等，会采用卡片式教案。卡片式教案是一种很实用的教案设计形式，有时可以随时根据教学情况抽取组合。但对新教师而言，卡片式教案因过于简略而不太适用。下面是一种卡片式教案的形式（表3-8）。

表3-8　卡片式教案形式之一

课型：＿＿＿　　　　　　　编号：＿＿＿
课文题目：
教学难点、重点：
1.
2.
3.
教学手段：
活动：

在具体的教学实践中,条目式、表格式和卡片式教案可以配合使用,以保证课堂教学活动的顺利实施。

二、对外汉语课堂教学活动的组织

对外汉语课堂教学活动的组织也就是课堂教学的具体开展,在进行对外汉语课堂教学活动组织过程中应依据其自身的特点,在不同的环节采取不同的手段,使课堂各个环节具有艺术性和感染力,激发起学习者学习汉语的积极性和主动性。

（一）对外汉语课堂教学活动的特点

对外汉语是一门语言课程,主要为了让学习者达到准确运用汉语的目的,课堂教学活动应注重实践,加强与学生之间的互动与交流,为学生提供更多表现自我的机会,概括而言,对外汉语课堂教学活动主要具有以下几个特点。

1. 实践性

实践性是对外汉语课堂教学活动的重要特点。现代教学强调以学生为中心,强调学生的主体性和参与性,强调学生对知识的掌握和运用,而知识的获取离不开具体的实践活动,学生只有动手去做、动脑思考,才会加深对知识的理解。

因此,教师只有提供各种不同的活动,让学生去参与、去实践、去体验,才能保证他们真正掌握所学知识。

2. 创造性

课堂教学活动是一项创造性的活动,并不具有固定的模式。在课堂教学活动中,教师面临着随时变化的课堂进程、千差万别的教学对象,而这些都需要教师进行灵活应对。教学中教师要与学生共同探究、共同学习、共同互动。在课堂教学活动中,教师的作用并不是为学生提供一个准确的答案,而是引导学生进行思考、创新,使学生得到全面发展。

因此,教师在课堂教学活动中,应根据学生的需求选择恰当的教学内容,尊重学生提出的不同观点,并鼓励学生对所学知识进行大胆质疑,努力培养学生的创造性思维。

3. 表演性

教师在课堂上的教学活动与演员在舞台上的表演一样,是一切外观行为的综合表现,如教师的穿着打扮、表情、态度、身姿动作、口语、板书等。但是,教师在课堂教学活动中最关键的是要以情感人,教师首先应对教学内容有深刻的情感体验,对教学对象有深厚的热爱之情,这样才能在教学表演中进入角色。产生"移情"效果,真正形成一种"教学美"。

4. 互动性

互动性是对外汉语课堂教学活动的一个重要特点。课堂互动是指为有效解决某一问题,或为了加深学生对知识的理解,教师精心设计的使学生充分展示自己的教学活动。课堂不是教师的单极表演,因此,应加强师生之间的交往、对话、沟通和探究。互动形式要多种多样、互动的答案要具有开放性,座位形式要利于学生互动。

5. 交流性

对外汉语课堂教学活动的交流不仅是师生之间教与学的交流,更是师生之间情感的交流。教师要通过自己的教学和个人魅力激发学生的学习热情和积极性,在交流过程中实现师生相互欣赏。需要注意的是,课堂交流教师要用眼神去跟学生交流,把握学生的需要和反应,对自己的语速进行调整。课堂教学活动中常见的交流形式主要有知识交流、思想交流、语言交流、情感交流、行为交流等。

（二）对外汉语课堂教学活动的主要环节

对外汉语课堂教学活动的主要环节,以教学过程的感知、理解、巩固、运用四个阶段为基础,具体包括组织教学、复习检查、讲授新课、巩固新内容和布置课外作业五个环节。

1. 组织教学

组织教学在100分钟的课时中通常只占3～5分钟,其主要是为了稳定学生情绪,集中学生注意力,创造有利于学习的和谐气氛。开始上课时,师生互致问候,教师了解学生的出席情况。然后讨论一个共同感兴趣的话题,激发学生的兴趣,或请一名学生做一两分钟的口头报告,锻炼其口语能力。最后教师明确本节课的教学目的和教学内容,使学生对其有一个清楚的了解。

2. 复习检查

复习检查在100分钟的课时中约占10～15分钟,其主要是为了了解学生对已学内容的掌握情况,并对教学活动进行完善。教师对学生的作业完成情况进行检查,对出现错误比较多的进行集体纠正,并复习前一课已学的内容。在复习中要善于抓住重点,并注意与新课的联系,以达到温故知新的效果。教师可以通过对新课的预习情况的检查过渡到讲练新课的环节。

3. 讲授新课

讲授新课在100分钟的课时中应占一半或一半以上（50～60分钟）,它是课堂教学中的重点环节,是学生接触和初步获得新知识、增强技能的环节,从某种程度上讲,其他环节都是为这一环节服务的。教学的新内容涉及生词、语法（特别是句型）和课文等所有部分。教师的讲解要与学生的练习相结合,避免教师长篇大论。教师在讲解过程中应注意突出重点和难点,要做到循序渐进。

4. 巩固新内容

巩固新内容在 100 分钟的课时中约占 15 ~ 20 分钟。对于初步获得的知识和技能要及时进行巩固,主要以练习为主,该环节的运用练习在熟练和灵活方面不宜要求太高,学生需要经过课后的复习进一步巩固,才能在下节课的复习检查环节中达到相对熟练的程度。

在这一环节要对新教学内容所涉及的语法知识进行归纳总结。可以由教师进行言简意赅、画龙点睛式的总结,也可以利用黑板上现成的例句归纳成一个结构或公式,并用彩色粉笔突出学生易犯错误的地方,给学生留下深刻的印象。也可以让学生自己进行总结。或者用提问的方式帮助学生总结。

5. 布置作业

布置作业主要是在下课前五分钟进行,它是课堂教学活动的最后一个环节,主要是用来巩固课堂所学内容、督促学生及时复习旧课和预习新课。教师应明确作业的要求,如有新的练习形式,应先示范或做必要说明。需要注意的是,作业量不宜过重,难度也不宜太大,要突出教学的重点,应包括口头和书面两个方面。作业的内容与要求要与讲练、巩固的内容相符合,也应与下节课检查复习相结合,使各个环节成为有机的整体。

(三)对外汉语课堂教学活动的艺术

对外汉语课堂教学活动是一门综合性很强的艺术,其在开展过程中要从艺术的角度对教学的艺术属性进行分析,保证课堂教学活动的顺利开展。

1. 起始环节的艺术

教师以什么样的仪表,带着什么样的情绪进入教室,对学生有着重要的影响。为避免上课仓促或迟到,教师应提前进入教室,利用课前时间可以对学生进行个别辅导,对学习有困难的学生提供帮助。另外,教师要带着饱满、积极的情绪,坚定有力的步伐进入教室,这样有利于让学生感受到教师对上课的热情和信心,也可以激发起学生对学习的兴趣。

2. 讲课的艺术

讲课是课堂教学活动的核心环节,它是指"教师以语言为载体,以一定的教学媒介为手段,向学生传授知识、表达情感、启发学生思维、指导学生学习和组织课堂活动的一系列教学行为"[①]。在具体的讲课过程中,应根据具体的教学内容,设计相应的教学形式,具体而言,在讲课过程中应做到以下几点。

(1)对于初级阶段的语言知识学习,要进行精讲,尽量用形象性的语言,做到深入浅出。

(2)教师再用语言进行知识讲授时,要和实际相联系,从学生熟悉的事情入手,引导学生产生共鸣。

(3)教师是课堂教学活动的组织者,课堂的总体思路是由老师确定的,但上课时要调动学生参与的积极性。

(4)教学要留有余地,给学生以缓冲的时间,让学生对所学的内容进行消化。

(5)教师要做到按时下课,不要拖延下课时间。

3. 提问的艺术

课堂提问是激发学生思维、活跃课堂氛围的重要手段之一,它可以激发、保持学生的学习兴趣,帮助学生打开思路,加深学生对课文的理解,检查学生对问题的理解和掌握,增加师生之间的交流。教师在课堂教学活动中向学生提问时,应注意以下几点。

(1)提问要有目的性,应根据教学重点、难点设置问题。

(2)提问要有序列性,要由浅入深、由易到难,做到循序渐进,

---

① 姜丽萍:《对外汉语教学论》,北京:北京语言大学出版社,2008 年,第 148 页。

提问要体现教学的思路顺序、学生的认识顺序,形成教学的思维链,环环相扣,引导学生拾级而上。

(3)提问要有预设性,教师应预测学生的答案,并对其进行正确的引导。在提出一个问题后,教师在心里应有数,学生可能会有怎样的回答,应如何对其进行评判和应对,使其达到或接近教学目标。

(4)提问要抓住时机,应在学生有疑、有思时进行提问。教师要在学生有疑问、有思考、想要问却不知如何表达时进行提问。

(5)提问要面向全体学生,忌偏爱优等生。教师在快节奏的课堂教学中,为了加快学生的快速反应,有时提问语速很快,同时希望学生回答问题的速度也很快。在互动过程中,教师会不自觉地关注回答问题快的优等生,而容易忽略反应慢的学生。

(6)提问要简洁明了,避免重复。通常只有在学生没有听懂问题时,才需要重复,通常情况下重复一遍。针对一些比较难的问题,根据学生的反应灵活处理,或者转换说法、分解问题。

总之,课堂提问是提高课堂教学效率的有效方法之一,教师应运用高质量的提问集中学生的注意,挖掘学生的潜能,提高学生的积极性。

4. 板书的艺术

板书是课堂教学活动不可缺少的辅助性手段。教师的板书结构是否合理、清楚直接影响到学生的学习效果。好的板书能够唤起学生的注意,便于学生理解和记忆,突出重点和难点,引起学生的美感,提高教学效果。板书有着不同的类型,如结构式、图解式、对比式、总结式等,教师应根据具体的教学内容选择合适的类型。

5. 结尾的艺术

一堂课结束时,新颖有趣、耐人寻味的结尾能够给学生留下深刻的印象。常用的结尾主要有总结式结尾、悬念式结尾、延伸式结尾、探究式结尾、对比式结尾等。

第四节　对外汉语教学的测试

一、对外汉语教学测试的类别

对外汉语教学测试是对外汉语教学的重要组成部分,根据测试目的,可以将其分为四种类别,即水平测试、成绩测试、诊断测试、潜能测试。

（一）水平测试

对外汉语教学的水平测试,主要是利用专门的考试大纲、统一的试题和评分标准尽可能客观地对学生掌握汉语的实际水平进行测量。同时,在进行对外汉语教学的水平测试时,要确保测试的内容以及测试的方法能够将测试对象的实际语言水平准确地测量出来。

1.水平测试的运用

一般而言,对外汉语教学水平测试不需要对测试对象的特点及其学习过程进行考虑,因而同一种水平测试可以适用于不同的测试对象,而且测试的结果可以作为学生入学编班的一个重要依据。

2.水平测试的内容

对外汉语教学水平测试的内容主要包括语言要素知识、言语技能和言语交际能力以及相关文化知识等。就当前来说,HSK即汉语水平考试是世界上影响最大的汉语水平考试。

（二）成绩测试

成绩测试又称课程测试,是教学中最常用的一种测试,主要用来对学生在一定学习阶段内掌握所学课程的情况进行测量。

1.成绩测试的运用

当前,成绩测试是教学(包括对外汉语教学)中运用最普遍的一种测试,且通常在一个或若干个教学单元教完以及教学过程的期中、期末进行。此外,成绩测试也包括结业和毕业考试。

2.成绩测试的内容

在对外汉语教学中运用成绩测试,需要注意测试的内容、方法等与教学大纲规定的教学要求相符合。而且,对外汉语教学成绩测试内容,与对外汉语教学诊断测试的内容是基本一致的。

(三)诊断测试

诊断测试,主要是用来对学生掌握教学内容的情况进行检查的。

1.诊断测试的特点

诊断测试不会受到教学进度的限制,因而在任何时候都能够进行,诊断测试的针对性是较为明确的,诊断测试的内容是较为集中的,诊断测试能够发现在课堂中难以观察到的现象。

2.诊断测试的运用

在对外汉语教学中运用诊断测试具有很多的优点,具体表现在以下两个方面。一是能够较为容易地发现教师在教学以及学生在学习中所存在的问题。二是能够对教学效果是否与教学大纲预期要求相符合进行检查。

3.诊断测试的内容

对外汉语教学诊断测试的内容必须要与教学计划以及教学大纲进行紧密配合,即依据所教的内容来对测试内容进行确定。一般来说,对外汉语教学诊断测试的内容主要包括语音、词汇、语法、汉字等语言要素,听、说、读、写等言语技能,言语交际技能中的语用规则与话语规则,言语交际的策略,言语交际中的语言文化因素,我国的基本国情和社会文化背景知识等。

（四）潜能测试

对外汉语教学潜能测试又称"学能测试""素质测试",主要是用来对学生学习汉语的潜在能力进行检查。

1.潜能测试的运用

对外汉语的潜能测试必须要在教学之前进行,以便更加客观地测试学生学习汉语的适合程度。

2.潜能测试的内容

对外汉语教学潜能测试的内容主要是根据测量学生的多种潜在能力的需要来确定的,具体包括语音模仿能力、词汇记忆能力、语言点理解能力、归纳类推能力。

二、对外汉语教学测试的形式

培养学生运用汉语进行交际的能力,是对外汉语教学的最根本目的。而学生运用汉语进行交际的能力,主要是通过对口头对话语和书面对话语的理解能力和表达能力体现出来的。其中,理解能力具体来说就是听和读的能力,表达能力具体来说就是说和写的能力。因此,对外汉语教学测试的基本项目应包括听、说、读、写这四个基本项目。这四个基本测试项目的实现,又需要借助于一定的题型,即试题的类型。一般来说,一份试卷所采用的题型以及各种题型的比例,在一定程度上反映了测试的目的和对语言水平的看法。就当前来说,对外汉语教学测试中常用的题型主要有以下几个。

（一）选择题

选择题通常是先有题干,然后给出四个备选答案,让受试者选择其中的一个或几个,其他的则是干扰项。在对外汉语教学测试中,听力理解和阅读考试常运用这一题型。

1.选择题运用的注意事项

对外汉语教学测试中运用选择题时,要特别注意以下几个方面。

(1)选择题在回答时通常较为迅速,故而在设计时题量可以大些。

(2)选择题在运用时,必须要设计好干扰项,即必须要起到一定的似是而非的干扰作用,绝不能牵强附会地随意拼凑。

(3)选择题中的四个备选项,要尽可能是关于同一类相关事物的,而且要在内容上具有相关性,在词性上保持一致。此外,四个备选项中不可出现主干中已经出现的词语。

2.选择题的优缺点

(1)选择题的优点

对外汉语教学测试中选用选择题具有很多的优点。一方面,能够保证评分客观,因而有着较大的信度。另一方面,可以直接考出编制者想考的问题,而且受试者通常不会回避,因而有着较大的效度。

(2)选择题的缺点

对外汉语教学测试中选用选择题也有不少的缺点,如在命题时会花费较多的时间和精力,无法对受试者的表达能力进行测试,因而这一题型不可较多使用,也不能当作平时常用的练习形式,以防学生的书写能力、口头表达能力、阅读能力等下降。

(二)综合填空题

综合填空题是完型填空的基本形式,指的是在一篇短文里隔开一定的字数删掉一个词,让受试者补上。

1.综合填空题设计的理论基础

格式塔完形心理学派理论是综合填空题设计的理论基础。

格式塔完形心理学派理论认为："人的心理基本特征之一就是在意识经验中能体现出结构性或整体性,如果一个结构整体缺了某一组成部分,人们就倾向于把缺口补上使其完善起来。"[①]

2. 综合填空题运用的注意事项

对外汉语教学测试中运用综合填空题时,要特别注意以下几个方面。

（1）需要受试者补上的内容,应以词为单位。

（2）留空的间隔要尽可能平衡,不能连续留两个空格。

（3）尽可能选择原文作为题目,短文长度可在 200 ～ 300 字为宜。

（4）留空的内容,要做到宏观与微观相结合,且微观不可太多。所谓宏观,就是需要受试者从宏观上把握文章内容,甚至要读到文章最后才能填出前边的空。这样做有利于测出受试者的综合语言能力。所谓微观,就是语法点或词在它所出现的句中就能解决。

3. 综合填空题的优点

一般来说,受试者只有读懂并理解了全文,才能准确地填出所缺内容,因而能较好地考查出学生综合运用语言的能力。

（三）口试

口语表达能力是最直接、最重要的语言交际能力,因此口试也是对外汉语教学测试的一个重要类型。但在当前,对外汉语教学测试中对口试的运用还不是很理想。原因在于,采用口试需要有大量的人力和时间作支持,故一旦受试者人数太多便难以进行操作。因此,我国的 HSK（高等）采用了录音方式。不过这种方式不是很自然,对受试者的心理有影响,所以测试的结果可能存在一定的偏差。

---

① 陈昌来：《对外汉语教学概论》,上海：复旦大学出版社,2005 年,第 102 页。

（四）写作

多项选择题和综合填空题都无法直接测量语言表达能力,因此写作在对外汉语教学测试中仍是一种十分重要的题型,写作这类题型在测试过程中具有其自身的优点,同时也表现出一定的缺点。

1.写作的优点

对外汉语教学测试中运用写作这一题型具有一定的优点,它能够将受试者的语言水平较为全面地反映出来,能够将受试者的语法、词汇、汉字以及成段文字表达能力反映出来。

2.写作的缺点

对外汉语教学测试中运用写作这一题型也存在一些缺点,其中最主要的是在评分时有着较强的主观性,评分结果会存在一定的偏差。当前,人们正积极研究有效的措施来对这一问题进行解决。

三、对外汉语教学试卷的设计

对外汉语教学试卷设计主要可以从卷面构成和试题类别两方面入手,卷面构成是试卷的整体结构,即试卷的形式,而试题类别则是要测试的内容,下面对其进行具体分析。

（一）卷面构成

1.卷面构成的含义

卷面是指一次考试中的完整的试卷,而卷面构成则是指测试的项目和内容分布在几个卷面中,一个卷面又包括哪些具体的测试项目和测试内容。

2.卷面构成的分类

卷面构成根据试卷所包括的项目多少,可以分为单项卷面、双项卷面、多项卷面。所谓单项卷面,就是只测试一个项目的试卷,如听力试卷、写作试卷、阅读试卷、说话试卷等。所谓双项卷面,就是测试两个项目的试卷,如听力和说话试卷、阅读和说话试卷、阅读和写作试卷等。所谓多项卷面,就是测试三个或四个项目的试卷,如听力、说话和写作试卷等。

这里需要特别指出的是,无论是哪种卷面,每个项目既可以包括该项目的全部测试内容,也可以只包括该项目的部分内容。

3.卷面构成的影响因素

卷面构成主要受到测试时间的长短、测试的目的以及由此决定的测试项目和测试内容的影响。

4.不同测试类别的卷面构成

不同的测试类型,其卷面构成也是不相同的,下面主要对诊断测试、成绩测试和水平测试的卷面构成进行分析。

(1)诊断测试的卷面构成

由于诊断测试主要是对教师在课堂上不易观察以及在成绩测试和水平测试中不易表现出的情况进行测验,且往往能够获得一些难以得到的数据。因此,单项卷面是其最理想的选择。

(2)成绩测试的卷面构成

成绩测试的卷面构成应符合课型的教学任务。通常而言,对外汉语教学的课型主要包括专项技能课、综合课。这两种课型需要测试的重点是不同的,因此采用的卷面构成也应有所差异。通常而言,专项技能课的测试通常采用单项卷面,而综合课的测试通常采用双项卷面或多项卷面。

(3)水平测试的卷面构成

水平测试主要是对受试者的语言能力和语言交际能力进行全面的测量,因此包含的测试内容和测试项目比较多,应将单项卷面与双向卷面、多项卷面综合进行运用。

（二）试题类别

每一种类型的试卷都可以包括具有不同特点、不同类型的试题，因此，试题的特点和测试的类型是不同的命题，应对其进行区分。试题具有不同的层次，即题类和题型。题类是试题的总体类别，题型是具体题目的类型。对外汉语测试的试题可以从以下角度进行分类。

1. 客观性试题与主观性试题

依据阅卷评分的标准，可以分为客观性试题与主观性试题。

（1）客观性试题

客观性试题阅卷评分具有方便、快捷的特点，还可以借助于机器进行阅卷。通常而言，客观性试题占有很大比例，但设计具体题目时比较耗时，而且对受试者能力的考察是十分有限的，难以将其综合能力以及语言表达的真实水平体现出来。

（2）主观性试题

主观性试题是对受试者的语言综合能力的测试，而且在命题时较为简单。但是，在对受试者的回答进行评分时，阅卷人的主观性会起到较大的影响，难免会出现一定的偏差。

只有将客观性试题与主观性试题有机结合，并合理安排两者的比例，才能准确测试出受试者的各项言语技能和言语交际技能。

2. 标准化试题与非标准化试题

依据命题过程以及试题的可靠性程度，可以分为标准化试题与非标准化试题。

（1）标准化试题

标准化试题的设计、评分具体严格的程序标准、误差也被控制在极小的范围内，因此，试题具有很高的可靠性。利用标准化试题，能将受试者的水平较准确地测量出来。

（2）非标准化试题

非标准化测试的设计、评分的程序标准相对不那么严格，多是由任课教师根据教学需要进行的自行设计，且对误差的控制较差。因此，非标准化试题主要是在小范围进行。

3. 分立式试题与综合性试题

依据试题的题型，主要分为分立式试题与综合性试题。

（1）分立式试题

分立式试题通常包括多项选择题、综合填空题、改错题等，是分项对受试者的能力及所掌握的知识进行测试。分立式试题比较客观，且能进行标准化操作，但并不能将受试者的言语技能和言语交际技能较为全面的测量出来。

（2）综合性试题

综合性试题主要包括听力理解题、阅读理解题、写作题等，是对受试者的能力及所掌握的知识进行综合测试。综合性试题往往难以准确把握其阅卷标准。

四、对外汉语教学测试的质量保证

对外汉语教学测试的质量主要通过试题的效度、信度、区分度和反馈四个重要的方面得以体现，理想的语言测试也应当在这四个方面达到较高水平，下面对其进行具体分析。

（一）试题的效度

试题的效度是指试题的有效程度，即通过测试，是否能够达到预设的目的。因此，要保证测试内容、测试方法与测试目的保持一致。具体而言，为保证试题的效度，应做到测试的内容要有所侧重；试题必须具有代表性、典型性，没有怪题、偏题；试题要有较大的覆盖面，要确保没有缺漏；试题的数量要适宜；题与题之间不能有相互暗示性。

（二）试题的信度

试题的信度是指试题的可靠程度与稳定性，即相同的卷面和相同难易程度的试题是否能够测试出受试者的实际水平。

1.试题信度的重要性

对外汉语教学测试是测量受试者语言水平的重要工具，因此必须保证它的可靠性。如果同一试卷测量同一受试者，在其语言知识水平和能力水平不变的情况下，如果几次测量的结果都不相同，就说明试题存在一定的问题。相反，测试的成绩越接近受试者的真实水平，测试的信度也就越高。要保证试卷的稳定性，必须讲究测试的信度。

2.试题信度的影响因素

试题信度往往会受到卷面构成、试题的数量、评分标准和办法、受试者水平等因素的影响。

（三）试题的区分度

试题的区分度是指试题能区分受试者水平差异的程度，即是说试题具有对受试者水平差异进行区分的性能。简单而言，在同一测试中，水平差异较大的受试者获得了很接近的结果，就表明试题的区分度较差。要保证试题的区分度，就需要把握好试题的难易程度。一般而言，可以把试题按难易程度分为若干层次，从而拉开受试者的距离。

（四）试题的反馈

试题的反馈是指试题在教学中所产生的影响。无论哪种测试，都会对教学带来一定的反馈作用。这种反馈作用又有积极与消极之分。而要想发挥测试的积极反馈作用，测试项目、内容以及试题题型必须与课堂教学内容相符，测试标准和试题难易程度要适度，只有这样，才能促进教学水平的不断提高。

第四章　新时期对外汉语听力教学研究

听力是个人的听话理解能力,在对外汉语教学中,听力教学是必不可少的。在对外汉语听力教学实践中,要取得理想的教学效果,必须要对对外汉语听力教学活动有一个系统且深入的认识。本章内容将对对外汉语听力教学活动进行较为全面的研究。

第一节　对外汉语听力教学的任务与模式

一、对外汉语听力教学的任务

（一）提高学生的快速反应能力

在真实自然的交际中,言语信号是快速连续呈现的,是转瞬即逝的。这就要求接收解码高速进行。为此,必须提高听觉器官的灵敏度。通常师生之间为了保持正常的沟通和交流,教师是允许放慢语速的。但是,教师不是为了适应学生而无限制地放慢语速,该慢则慢,该快则快,还是应该尽量保持语速的自然、流畅。否则,"学生只能听懂本班教师说话,听不懂其他人说话"的情况永远解决不了,对提高学生的听力无益。

提高学生的快速反应能力,可以通过一定的设计练习来进行,让学生多听正常语速的听力材料,练习学过的词语,经过反复的刺激和提取,可以大大提高解码操作的熟练程度。然后要让学生进行快速回答,通过大量、有效的练习来提高快速反应的能力。

（二）提高学生的辨别分析能力

提高听力首先是提高对声音信号的辨别分析能力。因为在教学的过程中,听力课本是由大量的语言材料组成的,把握好这些语言材料是分析辨别的关键。

人们利用听觉器官对言语信号接收解码,首先是对收到的言语信号进行分析、辨别、归类。在分析的过程中既要注重共性的分析,也要注重个性的分析。分析的内容包括声韵调、停顿、重音、语气等等。一般来说,其中的一个要素出现不同,句子的意思就会发生变化。听者理解语言的逻辑顺序是从感知单词开始,然后感知整个句子,最后感知成段话语,所以,分析辨别语音形式的排列组合,首先是分析辨别单词,其次是句子,最后是整段话语。

（三）提高学生的听后模仿能力

听后模仿是一种把感觉记忆转入短时记忆的能力。语言学习就是通过听后模仿进行的,模仿的对象包括语音、词汇、语气等。听后模仿能够延长言语信号在大脑中停留的时间,这就使理解更为准确。

听后模仿首先是听准,其次是说对。听后模仿的练习宜从音节开始,包括声母、韵母和声调。理解句子的意思时首先应该辨别词语,然后对句意进行整体把握。模仿完词语之后再对句子进行模仿,如果听后能够模仿整个句子,就可以增加这个句子在大脑中停留的时间,而提高理解的深度和广度。最后是对语言声音信号的处理,从重音、停顿、语气等方面去理解它是否存在其他方面的意思。

（四）提高学生的记忆存储能力

俄国生理学家谢切诺夫说过:"一切智慧的根源都在于记忆。"可见记忆多么重要。美国教学法专家琼·莫莉把"听力理解"解释为"听加理解",认为"听""思考""记忆"三者是密不可分的关系。事实上,记忆和理解的关系是相辅相成的,在理解的基础上记忆效果会大大提高,而记忆的东西越多,理解的能力就越强。

语言教学的传统做法是,学生课前必须要做好预习准备。学生预习得越好,课堂教学越顺利。尤其是听力教学,在课前预习好生词,对听力理解是有很大的帮助的。这是因为,词语教学是帮助学生把一个一个的音义结合体(词汇)输入大脑,成为经验成分,并且通过大量反复练习,使其在大脑中达到熟练的程度。如果缺少这一环节,就会出现学生什么也听不懂的情况,教学就无法进行。

（五）提高学生的边听边记能力

听力理解不只是学生听懂就可以了,它还要求学生进行记忆。由于声音信号本身具有瞬时性的特点,所以听力记忆的能力就显得格外重要。俗话说:"好记性不如烂笔头。"为了克服遗忘,应该把听到的信息及时转化成文字记录下来。边听边记是学习过程中必备的一个环节。对于简短的信息可以存储在大脑中,但是对于较长的信息就有必要通过书面笔记记录下来了,当然记录关键词和短语即可,自己明白就可以。

在听力课上教师要训练学生养成边听边记的习惯,而且要教学生记什么和怎样记。这就要求教师要把握好课堂的重点,在教学设计上多花心思,做好板书记录。每个练习的最后一部分都是学生整理笔记,教师要认真检查指导。这样从简单到复杂,日积月累,持之以恒,学生一定会提高边听边记的能力。

（六）提高学生的检索监听能力

在实际生活中我们都会有这样的体验:如果我们渴望得到某方面的信息,我们就会把整个的注意力都集中在那上面。这种自觉地对材料进行过滤、筛选的行为就是检索监听。检索监听是带着问题去检索内容,具有很强的目的性,只要听到了自己想听到的内容就能记住。

检索监听会提高听的效率,避免受到无关紧要的材料的影响。检索监听是一种重要的能力,必须经过专门的训练才能提高。训练检索监听能力,主要是对听力材料关键信息的提取。学生要善于抓住关键词语,把注意力集中在一个方向上,克服影响注意力的消极因素。

（七）提高学生的联想猜测能力

在听的过程中,人们会把感知到的言语信号与大脑中储备的言语信号联系起来,从而形成理解。在这一过程中,言语信号与大脑中储备的言语信号都有可能出现各种各样的问题,导致理解无法完成。这就需要具备联想猜测和跳跃障碍的能力。联想和猜测是人类共有的心理活动。联想是指在接收到某一个信号之后,可以把它与相关的信息建立联系。猜测是指根据现实的感知和以往的经验凭想象对将产生的新形象做出推测、估计和预想的心理过程。

在交际中,双方处在相同的语言环境中,使用共同的代码,他们只使用极简单的句子,甚至个别单词表达思想,尽管只是只言片语,听者也能理解对方的意思。这说明交际双方共同参与了编码解码的活动,听者不是完全消极被动的,他们会一边听,一边主动积极地去思维,即使有些地方不明白,也会根据语境和上下文的内容去猜测,有时听到后边对前边的词语自然而然地就理解了。

有时候受到外界环境的干扰,句子中的个别词语可能没有听清楚,但一般不妨碍理解,这时学生需要有跳跃词语障碍的能力。教师要不断总结规律,并且要教会学生掌握这些规律,使学生跳跃生词障碍跳得准,跳得巧。

（八）提高学生的概括总结能力

在教学中,学生们听完整个内容之后,常常只是记住了一小部分内容。这就在很大程度上影响了他们对整体内容的把握。因此,培养提高学生的概括总结能力就很重要。这就需要学生在听的过程中能够抓住关键信息。就一个句子而言,其中语调、语气的变化常常就是整句话的要点。如果别的词都听懂了,而恰恰是这个要点的部分没听懂,那么整个句子就无法理解。相反如果听懂了句子的关键部分,其他个别词语不懂,也不会妨碍对整个句子的理解。因此教师需要教会学生使用抓住关键词的方法去理解整个句子的意思。所谓要点包括两个方面,一是语言材料的主要内容,二是主要内容所蕴含的深层意义,即中心意思或主题思想。抓要点的练习可以从单句训练开始,再过渡到成段的话语,最后训练学生概括总结全篇的主要内容和中心意思。

在听力教学的高级阶段,概括总结能力的训练更为重要,而这种能力是需要在长期的训练之后才能获得的,因此,教师要培养学生养成良好的听话习惯,训练他们提取中心意思的能力,而且要循序渐进,从易到难。

二、对外汉语听力教学的模式

听力教学的模式有很多种,在这里我们主要介绍两种模式,即自下而上模式和自上而下模式。

（一）自下而上模式

自下而上模式是美国心理学家 P.B.Gough 提出的一种阅读模型,用以描述从看到文字符号时起到理解意义为止的整个过程。这个模型是从信息加工的观点来解释阅读过程的,也就是从小单位不断到大单位的加工过程。由于听力活动和阅读活动具有相似性,因此,我们在听力教学中也可以借用这一模式。另外,从教材的角度来说,很多的教材都是由生词和语法、听力文本、练习组成的,练习主要包括判断正误、选择填空、理解句子含义、回答问题和按故事发生的顺序排列句子。这种教材编写方法和练习安排方式表明听力教学可以使用自下而上的模式。从教学法的角度来说,在听力教学中,我们采取的一般步骤是词汇语法训练、听课文、做练习,这也是自下而上的模型的应用。

（二）自上而下模式

自上而下模式是 K.S.Goodman 提出的一种阅读模式。其主要的观点是,人们在阅读过程中,根据自己的知识经验对文章进行加工。他还指出,阅读是一种选择的过程,即在读者预期的基础上,对那些从直觉中选择出来的、最少的语言线索进行加工,形成暂时的预测和判定。这些预测和判定会在接下来的阅读过程中得到证实或者是否定。听力教学同样也适用于这种模式。尤其是在预测方面的应用更加广泛。预测可以分为有意识和无意识两种。学习者在听力活动中,会根据已有的语义信息进行无意识的判断,并在此基础上预测词语搭配模式。采用自上而下模式主要训练的是让学习者有意识地使用预测策略。这主要体现在两个方面。

第一,听前预测。听前预测是建立在已知的信息结构基础之上进行的。如果预测的信息在听力文本中出现了,那么学习者就能够断定自己预测的内容是正确的,从而增强自己的信心。这样学习者就可以把被动的接收信息的过程变为主动的思考和接收信息的过程。听前预测可以使听者在听力过程中重建文本信息时成竹在胸。

第二,听力过程中的预测。听力过程中的预测主要是根据学习者已经听到的内容,去预测后面可能会出现的内容。这样一方面可以加强学习者对文本的思考,另一方面也可以培养他们运用汉语思维的能力,真正实现学生在被动的听力活动中的"主体"地位。

第二节 对外汉语听力教学实践

一、对外汉语听力课程的设置存在的问题

听力课设置是整个课程设置中的一环,听力教学是听力课程中最为核心的一个部分,在整个的教学过程中,听力教学也是非常重要的一部分内容,因此,听力课程存在的问题实际上就不是听力课一个方面的问题了,它涉及诸多方面,具体如下。

（一）初、中、高级的配合问题

汉语和口语教材,一般从初级到高级,都自成体系特别是汉语教材、口语教材也在朝自身的系统化方向努力,但目前的听力教材就其本身来说,还尚未形成系统。初级目前还是用外校所编教材,中级使用自编教材,初级和中级之间的衔接已经出现了断层。高级还没有开设听力课。因此,如何有系统地提高学生的听力水平,加强不同级别课程之间的联系,建立听力课自身的体系,还需要进一步的研究。

（二）与汉语课、口语课的配合、设置问题

人们一直以来都关注口语课与汉语课的配合问题,事实上,听力课与汉语课、口语课的配合问题也应该引起人们的关注。听力课现存诸问题中,最主要的问题就是听力课与其他的课程配合不紧密。目前,我们还没有与所用汉语、口语教材配套的听力教材。教学计划、教学环节游离于主课之外。

有些学校不重视对外汉语教学中的听力课程,无论是在课程设置上还是在课时安排上都给予了较少的关注,从而影响到了学生听力能力的提高。听力能力是需要经过长期的训练来提高的,

学校减少学生听力训练的机会,完全不利于对外汉语中的听力教学。当前,对外汉语课程在设置时也更倾向于口语交际能力中心化。口语交际能力中心化倾向是指各类课程大多以口语交际能力为出发点或落脚点,最大限度地以口语交际能力为教学重点,或者采用口语与其他知识技能结合的教学方式,各项练习也大多集中于或最终落实到口语练习上,从而给听力课安排的课时少之又少。

(三)教材的问题

一些听力教材注意到了听力课的特点,能够从多个方面把握听力课的构成,培养学生辨别语音切分语流的能力;帮助学生储存一定数量音义结合体的心理词典;了解目的语的语言知识;了解听力的微技能和学习策略。同时,能够注意到语言的真实性,内容的趣味性,有一定的特色和长处,但是仍然存在着生词量大、课文篇幅偏长、文化含量偏高的缺陷,不适合学生使用。此外,在听力教学中,越来越多的熟语和成语成为关键,许多学生受到定势思维的影响去推断,从而导致理解上的偏差。这些词语形式简短,来源广泛,内涵丰富,在言语活动中使用频率较高。对于有典故出处、有深层含义的熟语和成语,许多留学生还不能完全掌握。

二、对外汉语听力教学实践的改革

对外汉语教学是第二语言教学,应符合语言学习,特别是外语学习的规律。在外语学习过程中,"听、说、读、写"四种能力,听是最基本最重要的能力。作为第二语言教学或者外语教学首先应该培养的能力是理解,尤其是听力理解。汉语作为一种非普遍教授的语言,在教学方法、教学理论等方面还不很成熟,需要借鉴和吸收先进的教学方法和教学理论,以完善和提高对外汉语教学。所以,对外汉语听力课程改革是必要且可行的,改革的可行方案有以下几种。

（一）改变课型的措施

（1）和汉语课合并，以读带听。如人大汉语中心的初级课程，汉语课和听力课的课时安排分别是6节和2节。教材是严格配套的，听力课教材紧紧围绕汉语课教材编写。由一个教师担任，完全可以保证进度上的一致。

（2）充分利用仪器设备，将学生的多个感官调动起来。设置"自助餐式"的听力室，变听力必修课为自学辅导课，同时要保证一定的听力作业量，做到按时检查、认真监督。

（3）和口语课合并，变听力、口语课为听说课。听说内容紧密结合，以"听"打头，以"说"压尾。

（二）不改变课型的措施

（1）学生人数要有所控制，不能超过两个班。听力课学生过多也会带来一系列的问题：一是学生的差异性比较大，二是学生太多不方便教师去了解所有学生。这都将直接影响到课堂气氛和教学效果。在条件允许的情况下，听力课同样也要尽可能地采取小班授课的方式。

（2）必须加强与汉语课和口语课的配合，不仅在教材方面要做到配合，而且在课时安排上也要做到紧密配合，教学进度合拍同步。同时加强听力课自身的系统性，建立从初级到高级的听力课体系。

（3）对听力课本身进行改革。在维持现状不变的情况下，可以对课堂的自身情况进行变动，如可以充分利用设备采用多样化的教学方法，但又不为设备所困。同时加强与学生的沟通以及不同班的学生之间的交流，建立良好的课堂气氛。同时，教师还可以对教材内容有选择性地利用，并且根据学生的实际情况，适当地增删材料，包括视听材料，力求内容具有趣味性、实用性。

（三）增设新闻听力课的措施

新闻听力,准确地说是广播听力,因为语料来自广播,它涉及广播的各个版块,有政治、经济、文化、科学、生活、法律、体育等方面的新闻内容,也有广播剧、小说连播、配乐散文等形式的休闲内容,它是一个开放的系统,把社会各方面的内容熔为一炉,给学生打开一扇窗子,接触语言世界,在离开课堂后仍能随时学习到新的语言文化知识。

新闻听力是对听力较高层次的掌握,它不同于普通的听力课程,是独立存在的一门课程。新闻听力课的目的是有自己的一套体系,大运动量地给学生输入语言信息,增强学生的语言思维能力,从这个角度来说,它的作用是其他课程所不能替代的。到了中、高级阶段,如果听力课的设置离不开主导课的限制,就会妨碍学生的进一步发展,压制他们的积极性。因此开设新闻听力课就是给学生一把钥匙,让他打开一扇自学之门,进入一种自觉学习的境地,这是非常有意义也是有必要的。

1. 新闻听力取材遵循的原则

（1）要坚持内容的精选性,听力材料的选择应该是精挑细选的,方音过重影响听解效果的、节目质量不高的、音质传输效果不好的一般不予采用,而且选材时语料在句法表达和词义理解上的难度不超过50%时才使用。

（2）要注意内容的实用性和趣味性,选材时要充分听取学生的意见,了解他们的听解愿望,可以对学生想要听取的材料进行了解,然后根据材料的受欢迎程度进行排列,选取受欢迎程度较高的材料以激发学生的兴趣。

（3）要突出内容的鲜活性,除了每次课都给学生听当日的新闻联播内容提要以外,还特别注意扩大学生的生活语言词汇量,比如他们在模拟的语境下能听到各种语料,其中像"活见鬼、公子哥儿、苦命、瘪三"等在课本上很难见到的词语,生活中又比比皆是,听时有语境的烘托,学生很容易就理解了,这样学生每次来上课都怀着一种期待的心情。

（4）确保录音的清晰性,背景音或方言的干扰过大,无疑会挫伤学生的听解信心,给学生心理上带来不良影响,因此,切忌背景音喧宾夺主,造成纯粹的听力障碍。

2. 新闻听力课的教学实践要求

（1）教师要在听力课开始之前准备大量的工作,虽然有些语言材料是现成的,但仍要跟原文对照一遍,所有的生词、惯用句式都要逐一查阅资料,以便能够准确地将其讲解出来,因为新闻听力课的课时较少,因此要处理好授课时间与练习时间的关系、生词和语法讲解在教学中所占的比重等问题,尽可能把八成到九成的时间留给学生,给学生营造一个良好的听力环境。

（2）要让学生大量地听,给学生提供充足的语言材料,同时还要保证材料具有一定的重复性,使学生能够真正地掌握材料,在课上的训练注意题材的多样性,把各类新闻、专题报道和其他题材的内容穿插编排,经常变换形式,使课堂的内容变得丰富多样起来,这样可以使学生始终保持兴趣。全部听的过程中不做过多的讲解,目的是提高单位时间里听解的利用率,达到"过度学习效应"。

（3）要逐渐提升新闻听力的难度。新闻的信息量相当之大,且新闻的语速也非常快,许多学生在开始听的时候都感到非常紧张,这是一个很正常的反应,都需要有一个适应的过程,这一时期,教师不应该对他们要求太高,只要他们能听出关键信息就可以,听的时间不能过长,然后转入比较生活化的听力内容,让语速相对慢一些,这样学生有一个缓冲的时机,可以调整大脑的接受状态,便于继续学习,这样的方式重复几次后,便可逐渐加长时间,提高要求,引导学生一步一个台阶向上走。

（4）高级班学生的词汇量和语言运用能力还是比较强的,因此教师对生词的处理最好还是不要先加注释,让同学们自己学会消化理解,这也是强化语感的过程,这样做的好处是有利于改善他们听得懂生词、句子却不能理解整体含义的局面。

（5）为了使学生的听解过程更加有效,可以在听力之前给学生提供一个整体的概念,不论听力材料有多长,第一次都是让学生完整地听完,不要为了让学生理解听力材料而将其分段,只有在完整地接受新信息之后,学生才可能根据自己的听解和判断,对听不懂的部分进行有效地预测,这种预测能力的训练是符合听力思维发展规律的。

（6）在听力课上讲语法内容要有别于其他课型,因为重点是听,不应在语法讲解上花费太多时间,一些出现的句型点到即可,不需要在上面,不需要做大量的联系,但应特别注意对不规范、不合语法的地方要给予指明,要从正确的方面引导学生听,避免错误的东西对他们的误导,如主持人主持某一专栏节目,表达方式是口语形式的,比较随意,因此会出现口语中常有的重复、颠倒、错句、表达不准确以及口语冗余现象等,这时候教师要及时指明。

（四）增加有声作业的措施

在对外汉语教学中,光是依靠课堂的教材是远远不够的,还要在课下为学生安排一定的任务。听力教学也是如此。但是从目前的听力教学来看,往往只重视课堂上的教学而忽视课堂后的安排,这样势必会造成课堂教学与课后练习的脱节。因此,需要重视对听力课之后任务的安排,受听力教学自身的特点影响,布置书面形式的作业显然是不合适的,因此主要的作业形式还是以有声作业为主。所谓有声作业就是要求学生在每次上完听力课后,自己录制一段五六分钟的录音,以配合教师的课堂教学,它是课后作业的一种形式。有声作业的目的非常明确:即着重练习学生的听说能力,它可以作为课堂上使用的辅助听力素材,并以此来丰富课堂教学的内容。

在听力教学实践中,教师可以从以下几方面来指导学生完成有声作业。

1. 单向式命题有声作业的指导

单向式命题有声作业主要是指教师出命题,然后学生根据要求来完成,独立录制五六分钟的录音,教师对其认真倾听并且给出合理的意见,在肯定其成绩的同时要重点纠正不正确的语音语调、错词错句及不符合汉语思维习惯的错误。这种作业形式具有以下优点。

(1)避免了听力课堂上不同学生之间的相互干扰,为学生进一步开发自己的潜能提供了较大的空间。成年人往往有很强的自尊心,爱面子怕丢人是阻碍学生进步的一大绊脚石。

(2)可大大提高学生的自学能力。虽然只是几分钟的事情,但是想要把它做好却并不是一件容易的事情。为使自己的表达更为准确、流畅,不查字典,不请教别人,恐怕是难以做到的。由此看来,这种方法对扩大学生的词汇量具有重要的帮助。

(3)学生可将教师的录音点评作为听力材料来听,达到师生交流的目的。教师将学生的有声作业作为课堂教学的素材,能够让学生感受到自己存在的问题和不足,对他们纠正自己的错误习惯有较大的帮助。

单向式命题有声作业的具体做法是教师为每个学生建立一个“录音档案”,把对学生所录内容的评价和对错误的修正意见录在录音的后面,并配上书面的批语,以便学生可听可看。这样听和读也就有机地结合了起来。

2. 双向式命题有声作业的指导

双向式命题有声作业中,学生可以充当“记者”,采访除任课教师以外的中国人。这是因为在课堂上师生之间的沟通可能没有障碍,但是一出了课堂,可能情况就并不是这样。“外人”讲的汉语有很多听不懂,自己讲的“外人”也听不懂。这是因为长期的教学使教师积累了一定的经验,知道学生使用怎样的语言要表达怎样的意思。为了改变这种现象,教师可以让学生去采访“外人”,为防止学生采访时的盲目性,教师应适当地加以引导,为学生规划一定的采访范围。

需要注意的是,双向式命题有声作业是让学生自己去充当"记者",受录音时间的限制,学生们在采访之前就应该精心挑选好相关的问题,这样对提高学生的概括总结能力会有很大的帮助。

3.无主题有声作业的指导

无主题有声作业就是给学生充分的自由,没有什么题目的规定,让他们自己充分发挥,也就是在一定的时间之内"想说什么说什么"。这样做的目的是让学生在有限的时间内摄取更多的信息,以此作为听力材料,主要练习学生的记忆储存能力和概括总结能力。

在无主题有声作业中,教师可以采用以下方法对学生进行指导。

(1)猜测法。听完学生的说话后,可以让学生猜一猜说话者的身份、年龄、职业、爱好以及他们有没有习惯用语等。通过这种练习,可以锻炼学生比较敏感的鉴别和判断能力。

(2)纠错法。学生在听完之后首先让其指出其中是否存在错误,如果有错误,要指出具体是什么错误,并对其进行改正。有时候一些错误自己找不出来,教师就要帮助学生把错误改过来,并使其了解自己所犯毛病的原因,避免以后一错再错。

(五)运用图式理论的措施

1.听前阶段图式理论的运用

在听之前教师可提示材料的背景、范围、功能,激活学生内在的相关词语、句式以及其他已知信息,具体方法有预测和利用关键词。

在缺乏环境直观因素的条件下,"听前预测"对整个听力理解所起的作用尤其重要,它使学生能够带着明确的目的在听力材料中去寻找答案,同时,它还可以引发学生的好奇心,调动他们的学习积极性,活跃课堂气氛,因此,教师引导学生进行听前预测,不仅有助于学生理解材料,而且还有助于学生存储信息。

需要注意的是,预测不是"瞎猜",它是在一定的依据之上展开的。人们表达的思想往往具有内在的逻辑性,遵循着思维逻辑,可以找到与之相对应的词语;任何一个民族的语言和该民族的文化是相联系的,熟知目的语国家的文化背景,有助于有关内容的听解。

预测有不同的方式,对于常见的生活题材,可让学生结合自己的经验进行讨论,调动他们内在的欲望和积极性,并引起听的兴趣。对于一些具有文化特性的题材,学生常常因为不熟悉目的语的文化背景而缺乏认知,教师通过可提供与材料有关的图片,阅读有关知识材料等方式帮助学生建立一种新的图式。

2.收听阶段的图式理论的运用

经过听前阶段的准备工作,学生的已有知识即图式已被激活,并进入紧张的解码、筛选、检索的心理状态,教师应引导并训练学生把握录音材料的主题意义,学会跳跃障碍或筛选,从而有效地提高听力理解的程度。

W·F·麦基说:"语境能够帮助我们猜出词的意义,……随着语境的增加,新词的意义也越来越清楚。"[1]短时记忆不仅保存的时间短,而且记忆的内容有限,听者在检索所输入的信息时应该尽量减少跳跃性的障碍,否则短时记忆会由于负荷过重而流失信息。因此在听的过程中我们应敢于放弃某些信息的听辨并能"容忍知识的模糊和不完整性,对成功的听力者来说尤其是这样"[2]。

学生在检索、解码、筛选、重建信息的过程中会遇到一些干扰,这种干扰可能来自于以下两个方面。

一种是文化观念的干扰,如学汉语的留学生听到农村发家致

---

① ［加］W·F·麦基:《语言教学分析》,北京:北京语言学院出版社,1990年,第288～297页。
② 刘绍龙:《外语听力＝声学信号的被动接受吗?》,现代汉语,1994年第3期。

富的新闻"少生孩子多栽树"时,学生们感到莫名其妙,他们认为"少生孩子"与"多栽树"是没有什么必然联系的,不能理解为什么二者会联系在一起,这时教师就应该给他们介绍我国的国情和计划生育政策,而"少生孩子多栽树"正是我国农村控制人口、致富的一种办法。

另一种是字面意义的干扰,如汉语听力中有一个句子:"本来么,这届大学生都是招生制度实行重大改革后考进来的,谁没有三拳两脚的。"句中的比喻"三拳两脚"留学生认为可能这是与学生的体育素质有关,他们只是按照字面的意思来理解,然后进行解码,因而出现干扰,此时教师就应该加入一些这方面的训练,增加学生的语感,减少听解中解码的错误。

3. 听后阶段图式理论的运用

经过收听阶段的解码、检索,学生已基本听懂录音材料,在之后的阶段就需要对听到的信息进行重组,教师可让学生把听到的记录整理起来,一些短时性的内容先做关键性的记录,然后再作口头报告(复述),因为学生在听懂、理解了课文并有了一个更新了的旧图式时也就有了一种想表达的愿望,最后可让学生再听一遍录音以加深理解、记忆,降低遗忘率。

(六)运用话语分析理论的措施

1. 猜测语段中生词的意义

为避免语段听力教学中一遇到生词就停下来讲解,需要培养学生猜测生词的意识,让他们根据句法和语言规律的特点猜测词语可能要表达的意思。要对学生进行猜测语段中生词的训练,可以从三方面入手。

第一,可以用指代词猜测前面名词的人或物;用同义或近义结构猜测前后出现的生词;用个体猜全体的词义,用词义的对比猜测,如"鸽子—鸟""差劲—很好"等。

第二,可以利用"词汇套"增强生词的预测能力,或是让学生熟记一些"动词—名词"的常用搭配,如"邮局—寄信、打电话、发电报等","保持……势头""持……观点"等。

第三,可以利用语段信息句末重心的特点,运用语音重点找信息点,如一个成分的"分量"可以从音节长度和语法结构的复杂程度来确定,一般是副词比名词重,短语比单词重,介词短语比名词短语重,音节较多的一般也重于音节较少的成分,单词数较多的一般也重于单词数较少的成分,结构复杂的通常也比结构较简单的成分重。

2. 掌握语段的语义结构

语段能够从多个角度去表达意思,它既包括主要的观点,又包括相应的事实依据。学生理解起来难度也比较大,因为这既需要短时记忆信息,又必须跳跃语言的障碍,同时还需要对文中的内容进行推理、判断。因此,想要让学生掌握语段的语义结构,可从以下两方面来进行。

第一,要根据学生来源不同,了解学生的不同文化背景和思维方式。

第二,根据语段不同的语义内聚关系,教师可以通过说出语段中心意思,对语段进行层次划分的方式,培养学生能够在长段语料中把握信息的能力。较大的语段或几个小语段构成的语篇通常都有开头、中间、结尾等部分。学生应该根据不同语段之间的内容衔接来预期上下文内容。

3. 辨别语段的语法结构

理解语段的意思,关键是分清复句之间和段落之间的关联词语和掌握一些段落间常用的联系词。语段常用一些能把一个意思加到另一个意思上去的短语或句子,比如:"这样、但是、一方面……一方面……、换句话说、首先……另外……再有一点"等等。熟记这些语段联系词,对判断语段表达的逻辑关系、理解句义非常有利。但是由于语段单位的语义性,在形式标志上往往不是很明显,常用零标记或意合法。如:

持中国威胁论观点的人是别有用心的。（　）他们有意回避了这样一个事实，（　）中国仍旧是一个发展中国家，根据世界银行统计，中国人均收入水平排在一百多个国家的第98位。（　），中国人口占全世界的1/4，（　）中国不发展（　）很难养活如此庞大的人口，不知持中国威胁论观点的人有没有想过？（　），（　）中国发达了，会不会（　）对世界构成威胁呢？

如果让学生听过语段后，填出联系词，就能帮助他们分出层次。对于这种情况，教师要在学生听懂了上述语段的基础上，给出全部联系词和重点词语，让学生复述原文，帮助学生形成一定的语感，在今后的语段中能举一反三。

4.认识语气情态和语境

在进行听力实践时，要引导学生学会从预期中判断信息，这样可以了解说话人的目的。语境是十分复杂的，很多语段听力理解上的障碍都是由于语境造成的。学生只有对目的语有一定的了解和掌握之后，才能把听到的话和语境自然结合起来，同时，词、句总在一定的语段环境中，因此，还可采用集中提问的方式，引起学生对语境的注意。如："这句话是谁在何时、何地、何种场合发出的？""话发出后交际的双方（或一方）期待着什么？""发话者说这句话的目的、动机是什么？"等。

（七）运用认知结构理论的措施

认知结构是指一个人长期积累的知识经验。在言语理解过程中，认知结构在知觉前所起到的作用是预测，在知觉时所起到的作用是消化，在知觉后所起到的作用是补充。在听力教学实践中，教师可以根据认知结构理论来组织实施教学。这主要表现在以下几方面。

1.利用预测作用做好听前指导

在学生听听力材料之前，教师需要利用认知结构所具有的预测作用做好听前指导工作。教师可以从以下三方面来着手进行。

第一,教师导入新课时,要让学生明确本课的教学目的和要求。采用预测手段让学生猜测可能要学到的知识、内容。例如在学新课时,教师先引导学生听课文的题目。然后教师提出本课要达到的教学要求,这样做的作用有两个,一是可以让学生明确本课的交际任务;二是可以让学生了解本课要进行的各项听的技能训练。

第二,教师要指导听的方法,同时还要指出在预测的过程中可能出现的问题,消除学生紧张、害怕困难的心理。听力课上,语音、词语、句子、对话和短文等练习都可进行听前预测。在每一项的训练中,教师要指出容易出错的地方。

第三,教师要布置具体任务和次数要求,让学生带着问题、集中注意力去听。每项训练的具体任务要明确,包括两个方面:一是要明确问题是什么,作好听前提示。如果是对话或短文,要提示学生:说话者、时间、地点等。例如有时某段课文里有个关键词,教师就可以提示学生,请学生找出这个词。诸如此类,课文中出现的某个重要人物、时间、地点和某个重要句子都可以采用这种方法。二是要明确地告诉学生听完以后做什么。例如采取边听边填空、边听边问、听后模仿、听后回答问题、听后选择、听后转述或概述大意、听写练习等。完成这两项任务,还要告诉学生听的次数,是泛听还是精听,在听第一遍的时候应该注意什么,听第二遍的时候应该注意什么,听完以后做什么,以此类推。如果教师的指导有效,学生的学习主动性充分调动起来,预设准确,接收到的信息就容易消化吸收,听并理解的目的就达到了一半。

2. 利用消化作用做好听时指导

在播放言语材料的过程中,教师也要抱着学习的态度和学生们一起来听。如果言语材料的难度不大,学生会在已有的知识经验的基础上对内容进行消化。如果言语材料的难度较大,教师可通过以下措施帮助学生进行消化。

第一，调节语速，降低难度。听力材料中一些生僻的词语、长难句都是比较难以理解的,这时候就需要教师将其语速放慢,降低听材料的难度。给学生提供一个消化吸收的捷径,避免学生因输入的信息难度过大而拒绝接收。

第二,间接提示。教师可以提供一些与听力材料相近的知识经验,全力调动学生的认知结构,将新信息赋予意义,便于学生消化并吸收,新信息也变成了可懂输入。例如,学生听不懂"看你说到哪儿去了"这句话的意思,教师可以举例:

A:听说汉语水平考试考了8级?

B:谁说的!

问:"谁说的!"是什么意思?

学生就会说出是"你说得不对的意思"。再把"看你说到哪儿去了"替换到对话中,学生马上就掌握了其意。

第三,重点部分反复听或做板书提示。课文中涉及汉语的一些习惯用语,如话中话、弦外音、暗示语,以及反语、讽刺语、委婉的告诫语等,可以用重复键反复让学生听几次或做板书提示,便于学生理解消化。

3. 利用补充作用做好听后指导

在经过听时练习的消化过程后,学生对信息有了具体的知觉,教师就要利用补充作用做好听后指导工作。主要是通过一些练习来把握学生对信息的掌握程度。对学生理解错误或者是听不懂的地方要及时给予纠正或解释,听后指导要灵活处理。比如一段课文学生听完一遍后,教师通过检查发现学生听的效果不好,可以在对学生进行一定的指导之后,让学生带着问题再听一遍。

总之,认知结构在听力理解中的这三种作用相互之间有着密切的关系。其中,也是最重要的就是预测作用,它是整个听力的基础。消化是预测的延续和验证。补充是对预设和消化的总结。三种作用互相促进,互相依赖,形成听前、听时、听后一个良性循环的过程,使言语理解者能够准确、完整地完成理解活动。

三、对外汉语听力教学实践应注意的问题

（一）教师备课时应注意听读结合

读和听虽然都是输入信息的过程,但是二者还是有一定的不同,前者是主动的,是语言信号平面性的输入,而后者是被动的,是语言信号线性的输入。听的时候,只能顺着语流"走",而教师在阅读时常常意识不到自己在跳读或者反复阅读,这样就很难从"听"的角度去发现问题。因此听力课教师在备课时,要注意对文本不仅仅是阅读,而且还要听录音。教师要把自己练习的情况记录下来,课后与学生所作练习的情况进行比较。只有通过不断的比较和总结,才能把握学生听的难点。

（二）听录音前教师要进行必要的讲解或说明

上听力课,不是让教师什么都不说然后就开始放录音。教师在放录音之前,应该对要听的内容进行一个简单的解释和说明,以便使学生能够集中注意力,带有更加明确的目的性,这样听的效果才会好。

在语音阶段,教师要对题型进行说明,让学生明白他要听什么、做什么。在语法阶段,为了让学生了解这节课的重点,教师要准备一些有代表性的材料先让学生熟悉。在短文阶段,教师要围绕所听材料的主题提些问题,让学生对将要听到的材料有个大概的了解,让学生带着问题听,就会帮助学生理解文章的主旨。

（三）对听力材料的选择要慎重

听力教学的原则就是学生接受的信息是可以理解的。要想提高学生的听力水平,听力材料的选择就尤其重要。除了材料的难度以外,还要注重材料的可信性和有效性,不要故弄玄虚,给人一种人为痕迹相当明显的感觉。

（四）问学生问题时要注意方式和技巧

做听力练习时,针对一篇听力材料,应该将问题划分出不同的层次,提出的问题尽量是从易到难,并且带有启发性,如:"你们觉得会不会是……?""你们想可能不可能是……?"教师要善于抓住学生的表情,通过解读他们的表情和眼神来猜测听力材料的难易程度。切忌总是问"大家听懂了吗?""还有谁不懂?""××,你懂了吗?"等,这样的问题学生一般或是会用沉默来回答,或是会因为碍于面子而不懂装懂,也会使课堂气氛变得沉闷。况且,这样的问题并不能真正地检查出学生听的质量到底怎么样。

此外,教师还是尽量使用一些幽默的语言,调节课堂气氛,使学生抛开顾虑,勇敢地开口回答问题。但要注意的是,任何好的教学方法都害怕重复,使用多了自然而然会失去原本的效果。

（五）课堂教学中要注意优化教学气氛

教学气氛作为教学活动的背景起着非常重要的作用。相比知识记忆而言,情绪记忆有时候会持续得更加长久,故营造一种轻松活泼愉快的教学气氛十分有利于学生的学习。

优化课堂教学气氛要求教师本身的课堂教学就富有感染力,教师不仅要语言幽默,而且教态还要得体、大方,能够变换教学方式来调动学生的积极性。同时,学生的性格千差万别,除了教师本身的因素,还可以利用学生的幽默、积极性来活跃课堂气氛。此外,教学材料的趣味性也是决定课堂教学气氛的关键,现在的听力教材在选编听力文本时都很注意材料的趣味性,但教师平时还应该注意多搜集一些报刊杂志上的幽默小故事,穿插在教学过程中,这对活跃课堂气氛很有帮助。

第三节　对外汉语听力能力的训练途径

言语能力包括听、说、读、写这四项,不同的人获得这四项能力的过程不同,所使用的训练途径也不相同。在学习过程中,这四项能力常常是互相影响、互相促进的,基本上不存在单项的能力训练。听的过程是语言输入的过程,在这个过程中学生处于被动接受的状态,为了发挥学生的积极主动性,必须将听与说、读、写结合起来。所以,对外汉语听力教学能力训练的途径也是从这几个方面着手的。具体来说,主要包括以下几种。

一、听说结合法

在人类交际活动中,比例最大的就是听,接受和理解是表达和应用的基础和前提。但听力教学在加大输入的同时也不能忽视输出的作用,它们是人类语言习得过程中不可忽视的两个方面,输入的最终目的是输出。在对外汉语的教学实践中,我们会发现那些听力好的同学一般口语水平也都不错,而听力差的学生口语水平一般都不会太好,这从一个侧面证明了听和说的不可分割性。

学习者在经历了对语言知识和材料的输入和记忆后要进入输出阶段,才能最终完成学习过程。语言只有在输出之后才能检验输入的效果,否则输入就是失败的输入。所以,对外汉语听力训练要将听和说这两种言语技能紧密结合。听说结合法可以分为听后模仿、听后总结和听后回答三个主要类别。

（一）听后模仿

听后模仿,是指收听者对听到的言语信息进行模仿,然后再复述出来。在语音阶段,主要是对汉语声母、韵母、声调的听后模仿,在语法阶段,除了句子本身,听后模仿还包括对句子的停顿、重音、语气和语调的模仿。

听后模仿还可以加入一些主动性成分,从而形成替换性模仿和添加性模仿。

1. 替换性模仿

替换性模仿是指先让学生听一句话,再听一个词,要求学生用这个词替换句子中可对应的词。如:

学生听:这是丽丽的书包。——杯子

学生说:这是丽丽的杯子。

学生听:衣服

学生说:这是丽丽的衣服。

2. 添加性模仿

添加性模仿是指学生要将听到的言语信号依据一定的语法规则添加适当的成分再说出来。如:

学生听:我,骑自行车,学校,上课

学生说:我骑自行车去学校上课。

这种模仿与简单复述相比,多了一些学生主动性的参与,并且有助于增加学生对语法的记忆。

需要指出的是,在进行听后模仿时要做到以下几点。

第一,学生复述时不要看文本材料,这样他们就会在大脑中尽量存储言语信息,为了复述,还需要尽量理解信号的意思,使大脑的积极性充分地发挥出来。

第二,听和复述可以有适当的时间间隔,听后马上就复述可能学生还处在比较蒙的状态,间隔一定的时间之后,学生可以在大脑中整理听到的信息,并且有时间对听到的材料反复默记,这就加长了信息在大脑中停留的时间并增加了信息在大脑中出现的次数,对于内化输入信息有很好的作用。

第三,听了集体模仿之后,也要注意个体的模仿。为了更好地检查听的效果,教师可以在了解学生水平的基础上,让个别学生来进行听后模仿,以便检验该学生的水平。

（二）听后总结

听后总结,就是用自己的话对材料的内容进行概括,从语法阶段就可以逐渐引入这种方法,在听比较难的句子时,可以让学生先说出材料的关键词,然后再说出材料的主干句子,最后在说出材料的主要意思。

（三）听后回答

听后回答就是听材料后回答问题,这是语法阶段和短文阶段听力教学最常用的方法。在语法阶段听后回答的顺序是:听—提问—回答。在短文阶段听后回答的顺序是:提问—听—回答。教师所提问题的难度必须要能体现出听力能力训练的重点。

二、听做结合法

听做结合即根据听到的言语指令,做出所要求的动作。在听力教学中,听做结合法可以活跃课堂气氛,调动学生参与课堂内容的积极性、加深对知识的印象,能够促进对语言要素的理解等。而且在学习某些语言要素时,这两种方法的结合也是必不可少的。如在学习"过来""过去""上来""上去"等词时,教师除了进行动作演示外,也可以让学生根据教师发出的指令来做相应的动作。这样不仅可以检查学生的学习情况,还可以加深学生的理解能力。

三、听读结合法

听和读都是输入言语信号的过程。把这两种同属语言交际中接收理解型的能力结合起来,会加强接收的效果,促进理解的深入。听读结合法主要有两个内容,一个是听后朗读,一个是听后阅读。

第一,听后朗读。听后朗读主要是练习对言语中语音、语调、语气的把握。

第二,听后阅读。听后阅读主要是通过语音信号、视觉符号的双重刺激促进言语信息在大脑中的储存。

需要指出的是,听读结合法在使用时应该把重心放在听上面,要以听来带动读,用读来强化听,因为在听的过程中可以消除来自读和其他等方面因素的影响,读的作用主要是对听的补充。

四、听写结合法

听和写也是输入和输出的关系。"写"的过程实质上是将存储中的言语信号转化成了文字符号,对由听进入到短时记忆系统中的语言信息进行再编码,并将其输出的过程。一般认为,学生一边听一边写,可以强化存储在脑中的信息,因此,可以说听写的突出特点就是能使学生对听到的信息记忆深刻。听写中"写"的内容包括拼音、数字、符号、图表、汉字等,通过"写"使"听"的内容得以强化。边听边写还对语言要素的学习有重要的作用。听写训练除了可以提高学生听力水平以外,还是检查学习者汉字识记程度及进一步强化巩固汉字识记的基本手段之一。

五、视听结合法

随着多媒体设备的逐渐普及,听力教学能力训练中也融入了多媒体的成分,从而形成了视听结合法。视听结合法可以通过信息对视觉器官的刺激,强化在脑中的印象,并且能够对没有听清楚的信息进行弥补,从而在一定程度上缓解学生害怕的心理,也能减少持续听的疲惫。

需要指出的是,在运用这一方法时,还是要注意以"听"为中心。另外,因为视听会降低听的难度,教师在视听教学中不能只是播放视听材料,而是要以训练听力技能为目的设计各种练习,因此视听结合法只能作为听力教学的一种辅助性方法。

第五章　新时期对外汉语口语教学研究

口语教学自 20 世纪 80 年代后期以来迅速发展并成为对外汉语教学的一个重要组成部分。在新时期,开展对外汉语口语教学,不仅要能适应时代的变迁,而且要反映口语的特点,要关注口语与书面语的差异,明确不同层次口语教学目标的不同,切实符合学习者的学习需要。本章即在分析对外汉语口语教学的性质和任务的基础上,从对外汉语口语教学的实践及口语能力的训练两方面对新时期对外汉语口语教学进行研究。

第一节　对外汉语口语教学的性质与任务

开展对外汉语口语教学,首先必须要知道对外汉语口语教学是什么,具有怎样的特性,需要完成什么样的任务,这样才能抓住对外汉语口语课程的特点,并根据这些特点制定一系列的方法与措施,完成对外汉语教学的任务。基于此,本节将对对外汉语口语教学的性质与任务进行详细分析。

一、对外汉语口语教学的性质

对外汉语口语教学是培养学生在实际生活中运用汉语进行口头交际能力的教学,即通过对对外汉语学习者实施一系列运用汉语的语音、词汇、语法以及其他各项因素表达自己的想法的训练,来让他们形成一定的汉语表达能力,能够在一定场合、面对一定对象可以运用汉语将自己的要求和思想表述出来。也因为这样,进行对外汉语口语教学的重点在于从认识用汉语"说",到运用汉语"说"。

二、对外汉语口语教学的任务

对外汉语口语教学主要包括三个阶段,即初级阶段、中级阶段、高级阶段,每个阶段的任务各不相同,具体如下。

(一)初级阶段对外汉语口语教学的任务

对于初级阶段的对外汉语口语教学而言,教师在该阶段的主要任务是培养学生的汉语语感,具体来说,可从以下几方面入手。

首先,由于民族语言的差异,对外汉语学生在语言思维上大多带有他们本民族语言的思维与模式,因此在进行初级对外汉语口语教学时,教师应注意在语流中教授音与义的联系,促进语音链和意义链的内化。这主要包括以下三个方面。

第一,在教授对外汉语学习者的汉语发音,并对其发错的语音进行矫正的同时,教师应注意教授他们一些汉语的词语及其意义,以帮助他们在心理上建立起汉语音、形、义的联系,实现汉语的内化。

第二,考虑到对外汉语口语教学必须要将词语与词语链接规则,以及词义链接同时进行的原则,教师应做好词语链(包含词音链)及其意义链的教授,以便对外汉语学生在较大语段中建立汉语词组的意义链与语音链的联系。

第三,随着对外汉语学生的汉语词汇量的扩大,以及对汉语运用规则的逐渐了解,教师在对外汉语口语教学中,要注意帮助对外汉语学生在心理上形成一个由"实词链"到"实虚词链"的过渡。

其次,以语言可以使思维出现模式化的理论为依据,在对外汉语口语教学的语法结构和习用句式中,教师应注意帮助对外汉语学生形成汉语思维模式。

最后,考虑到语言是特定民族、地域文化的重要组成部分,其所负载的文化传统常常以观念的形式固定在使用该语言的民族心理中,因此,在进行对外汉语口语教学时,也要在语用规则中做好汉语文化传统法的教学。这可以从以下几方面入手。

第一,文化之间的差异不仅直接表现在人们的语言交际方式中,而且以思维模式的形式固定地隐藏在人们言语行为的背后,语言使用者一般没有注意到这一点,但实际上这种思维之间的差异却会对人们在一定场合的用语方式产生直接影响。例如,中国的思维含蓄隽永,因此在表达情感的场合其语言多是迂回的,而西方人的思维较为直接,因此他们会直接说出"我爱你"等语言。有鉴于此,在进行对外汉语口语教学时,教师也必须注意要让对外汉语学生了解中国人的思维,并理解这样的思维与汉语口语表达的关系,从而进一步理解并正确使用汉语。

第二,汉民族的心理中包含着一种谦虚不张扬的文化心理,这种文化心理也会使其在用语上表现出来。例如,当一个中国人夸奖对方时,常常说:"你真聪明!"一般情况下,被夸奖的人都会说:"哪里。"这一个"哪里"不仅充分展示了汉民族谦虚的心理,而且也因为否定的说法可以使对方减轻心理负担。因此,在进行对外汉语口语教学时,教师还应注意要让对外汉语学生理解汉语问答用语中所包含的文化观念,从而推动其对汉语的理解和接受。

第三,汉语的文化特点在对话中的正反词和正反话上也得到一定程度的体现。语言学家吕叔湘在《现代汉语八百词》中列出了这么几个例子。当一个人问"你为什么生气"时,对方可能会说:"我好不容易做好的饭,被他打翻了";而当一个人好久才到达约定的地点时,对方可能会有所抱怨,这时他有可能说"堵车了,我下来走的,好容易才到了"。这里的"好不容易"和"好容易"虽然在用语上一个有"不",一个没有"不",但表示的意思都是"非常不容易",这种用语方式都属于语言学层面上的语义学范畴,因此在对外汉语口语教学中,教师也应注意这一点,以便对外汉语学生正确理解汉语。

（二）中级阶段对外汉语口语教学的任务

对于中级阶段的对外汉语口语教学而言,教师在该阶段的主要任务是要做好对学生语音、词语以及语言组织方面的训练,具体如下。

1. 做好语音方面的训练

对外汉语语音方面的教学与训练一般会从汉语因素音值、声调等语音基础知识入手。到了中级阶段,对外汉语学生已经掌握了一些语音方面的知识,这时对学生语音方面的训练便需要转为对其汉语语气、语调等方面的超音位的语音训练。在现实的口头交际中,句调的构成形式的改变往往可以改变句子的理性或情感意义。我们比较熟悉的是重音的位置不同句子所表示的意思也往往不同,这是句调的一个组成部分,还有另一方面即句子各部分音高的对比和变化也可以显示不同的意义。比如"好啊"这么个形式,如果把"啊"的音调提高,意思是表示"可以";而如果加重"好"的语气并降低"啊"的音调,就往往表示批评或谴责的口气。所以,在对外汉语口语教学中应通过示范和操练让学生掌握表示某种意义的正确的语调。

2. 做好词语方面的训练

词语是语言学习与运用的基础,也是对外汉语口语教学的重要内容。到了中级阶段,对外汉语学生大致上已经掌握了一些基本的、常用的汉语词汇,这时对其进行训练就应注意教授他们一些口语化的惯用语及其表达方式,此外还可以教授他们一些在汉语口语表达中起链接作用的惯用语。比如语体的风格、上下文的呼应限制、感情色彩以及适用的情境等,避免单纯的解释或内部结构分析。

3. 做好语言组织方面的训练

对外汉语口语教学实际上就是要让对外汉语学生学会用汉

语进行口语交际,因此做好语言组织方面的训练也是对外汉语教师必须完成的一个任务。在开展汉语语言组织方面的训练时,教师应注意跳出句法结构和孤立的单句的范畴,因为这也是语言能力的一个基础,掌握得越多,表达的能力也就越强。对此,应该着重解决以下两个问题。

第一,训练将一个个单句连接起来组成相对完整的表达单位的技能,比如掌握按时间的顺序、按空间的顺序、按逻辑关系或顺序组合等方式,以及掌握各种连接方式所用的连接成分。目的是要让学生掌握使言语活动有条理的技能。

第二,要从聚合的角度让学生学到那些理性意义相同的各种言语表达形式,比如表示同意或肯定的说法有"可不是嘛""那还用说"等,可以将这些联系起来交代给学生。

（三）高级阶段对外汉语口语教学的任务

和其他课程相比,高级口语教学的盲目性和随意性状态更为突出。因此,要明确高级口语课教学任务,应该从教学目标入手。

高级口语教学着重语义交际技能的训练。吕必松《华语教学讲习》认为:"所谓掌握语言交际技能,就是在什么场合对什么人用什么方式说什么话,能够应付自如。"[1]从这一层面来说,高级阶段的对外汉语口语教学更接近于让学生形成一定的汉语口语交际能力。因此,在对外汉语教学的高级阶段,教师应注意做好对学生口语成段表达能力的训练,即通过将对外汉语谚语技能与交际技能结合在一起,让学生能够正确地组织句子与语段,最终将语段形成篇章,完成对外汉语的交际。

---

[1] 李晓琪:《对外汉语口语教学研究》,北京:商务印书馆,2006年,第112页。

第二节　对外汉语口语教学实践

对外汉语口语教学实际上就是要通过各种方式引导对外汉语学生运用所学的汉语知识与言语技能进行口语交际,因此,它本身就带有很强的实践性,本节就对对外汉语口语教学的实践进行研究。

一、初级阶段对外汉语口语教学中的听读实践

（一）听读实践的作用

（1）有助于检查学生对句法、词汇的掌握程度及偏误情况,及时了解教学中的重点和难点。初级学生往往认为句子比较简单,求知心切,还有一些非零起点的学生,教师也不太了解他在中介语中的问题。学生常常对课文中的句子一知半解。在进行听读训练时,教师可以对句子中的语言点进行有重点的注意,可以随时停下来观察学生可能出现的问题,发现问题之后马上再强调,必要时还可以单独请一两位同学或分组进行听读,努力吸引学生对每个句子的注意力。这样的听读练习既紧张又活泼,以发现问题、纠正错误,达到流利诵读的目的。

（2）有助于学生认识并了解汉语句子从接受到重建过程中会出现的部分信息损失及其信息偏误,认识这些现象产生的原因,并进而理解中介语的某些规律。对中介语规则和句子的结构进行对照和强化是听读过程中最重要的部分,听读前和听读后在多大程度上改进了中介语,是帮助我们了解语言学习规律的一个途径。另外,母语不同的学生在听读时发生的问题也不尽相同,也反映出听读并不仅仅是记忆的过程。

（3）可以强化学生对课文的理解和记忆。听读可以用在课文学习之前，给学生以整体的声音形象，了解哪些内容没有得到重现，应作为学习的重点；也可以用在课文学习的过程中和学习之后，教师可以控制听读的速度以及重复听读的内容，必要时教师可以在领读之后再和学生一起读，以强化对课文的记忆。掌握了课文这样一个交际的范本，在一定的程度上就可以保证在实际交际中口语输出的速度和正确性。

（4）听读可以作为一种测试方法，用来帮助教师观察并了解学生在听说汉语行为中的反应能力，以及他们对汉语句子的理解能力和表达水平。一般情况下，对对外汉语学生的汉语进行测试多是以成绩测试和水平测试两种方式进行的，前者主要是为了考察某一时间段内对外汉语学生对所授内容的掌握及熟练程度；后者则是为了考察一段时间内对外汉语学生的汉语口语表达的水平。在进行成绩测试时，教师一般会在测试中增加对已学习内容的听读，可以观察学生对重点句子的熟练程度；而在进行水平测试时，教师一般会考查对外汉语学生对汉语的记忆广度的大小以及对不同速度的语流的理解、处理能力，可以测出学生听说能力的整体水平。

此外，听读的句子的长度应考虑到学生可能的语言水平和记忆力的限制。一般认为短时记忆的长度大概为七个有意义的单位，但是，记忆的单位是一个变量，短时记忆的容量还会受到长时记忆中的知识等因素的影响。在听读时句子的最大长度应该是普通操母语者所能接受和记忆的长度。另外，同样长的句子，语法和语义关系复杂的在听读时就比较困难。比如"这是王教授托我带给你的书"和"我也要穿颜色鲜艳的衣服了"这两句话长度相同，但前一句比后一句听读困难。所以，在听读时，可以先从以上的几个因素考虑给要听读的句子划分出难度等级，再结合学生听读后对句子的重现率来给出成绩。

（二）听读实践的优越性及学生在实践中常出现的问题

1.听读实践的优越性

在对外汉语的口语交际中,听与读是密切联系在一起的,它通过声音代码的形式进行信息的传递与储存。考虑到这一点,在进行对外汉语口语教学时,应注意摆脱汉字对学生的视觉干扰,以减轻或避免汉字的视觉代码在向声音代码转换时出现一些信息的损耗或偏误,在缩短对外汉语学生的记忆过程的同时,提高信息传递的准确性和有效性。

汉字作为视觉形象比较强的表意文字,在看读时,母语为拼音文字的学生认读汉字比较困难,他们的注意力多集中在每个汉字的读音上,这样就使看读往往就变成了认字过程;对于外国学生来说,汉字形体的表意功能又成为他们的障碍,他们往往看得懂,听不懂。与看读相比,听读可以避免汉字在这两方面对对外汉语学生的影响,将听与读直接联系起来,从而缩短信息传递的流程,在对外汉语学生的记忆中建立起语言的声音形象。

具体来看,语言学习是一个由短时记忆向长时记忆发展,最后付诸实践的过程。在此过程中,记忆是语言不可缺少的重要支撑,若没有记忆,语言学习便会出现随学随丢的现象,掌握语言能力自然也就无从谈起。而从看读的过程来看,人们在进行这项工作时,是以文字为依据开展的"读",它相比听读而言,需要将汉字的视觉形象与其语音、语义联系起来,这就需要学生必须认真将每一个单词以短时记忆的形式马上贮存起来,才能够把重复记忆的内容进行再输出。可见,听读相较看读而言,少了一个以文字的视觉形象转化其语音语义的环节,有助于对外汉语学生更便利地开展交流工作。

"听读"和"背诵"两者存在着诸多区别。背诵是语言学习的一个传统而有效的方法,它是一个记忆、输出的过程,但是,背诵的方法在实际的课堂教学中实行起来却存在很多问题。对于来自不同的社会文化背景以及不同性格的留学生来说,背诵不但过于死板,而且还可能会引起一些学生的反感。同时,背诵是一种个体行为,在课堂上进行容易加重学生的心理负担,不利于活跃课堂气氛。另外,初级阶段的口语课文大多是以对话的形式出现的,并不适合背诵。所以,相对而言,听读可以避免上述的这些消极因素,它是介于"读"和"背"之间的语言活动。教师通过集体听读、个别听读以及反复听读重点句子等方法可以在课堂单位时间里更充分地调动学生对课文的注意力。研究发现,如果把阅读过程层次化,即分为字母、音节、词、短语等层次,那么阅读的过程并不一定依照语言单位的层次顺序来进行。当一个较高的阅读层次被接收之后,阅读者就无须回到更低的层次上去完成阅读过程。这样不完整的阅读并不会影响理解。因此,学生在听读时关注、理解和记忆的是一个线性的语音流,是完整的语流结构的排列和组合,从中得出一个准确、完整的意义,然后再进行重建。应用心理语言学曾通过实验证明,句法对理解外语输入十分重要。不熟悉句法规则等于是去理解一些随机安排的单词。因此,在对外汉语口语教学实践中,我们不仅仅要强调学生听懂句子的意思,而且也要训练学生听懂语言结构,使他们学会利用句法来帮助识别词与词之间的联系,使句子在短时记忆里保持较长的时间,这样对提高口语输出的正确率非常有利。

2. 学生在听读实践中常出现的问题

（1）停顿和语调方面

由于有老师带读,句子原应有的停顿和语调出现的问题不太多,而不该停顿的地方却常常出现停顿。比如:

①没事儿,咱们－下午去－吧。

②央央今天烧－得很厉害。

③抽烟多了－容易－得－肺癌。

④裤腿也短－点儿。

⑤那快递会不会丢了－呀?

在上面这个例子中，②③④句中的一个完整的语法结构的中间出现了停顿，原因在于学生对一些句法（如补语）和肺癌等难度较大的词还不能熟练地掌握。有鉴于此，在开展听读活动时，他们或者需要努力从自己的记忆中去挖掘这些内容，或者对这些内容不熟悉，说的时候也不自信，自然就出现了停顿。而在①⑤句中，对外汉语学生对句子末尾的"吧""呀"等词语还未形成习惯性运用，因此在进行口语表达时也不能熟练地将其与整个句子连接起来，从而出现了停顿。还有一些情况，有的学生在听读时会忘记说，有时是在听到别的学生说了之后或者在教师的提醒下再加上的，因而出现了停顿。

（2）语序方面

在听读时，也常常会出现语序方面的错误。比如：

①小姨要买一张去浙江的机票。

她要订一张机票去浙江。

②小王对这个游戏也挺感兴趣。

小王也对这个游戏挺感兴趣。

③还不错，就是酸了一点儿。

还不错，就是味道有一点儿酸。

由于听读的句子一般不太长，而且听了以后马上重复，所以在较大句法层次上出现的语序问题并不多，仍然多是词法和语言点的问题。比如句②中的"也"的位置，句③中的"一点儿"的用法。这三个例句中的语序问题也说明学生在听读的过程中并不是单纯的重复，而是表现为下面这样的过程：

听［接收］→理解［语义上组建命题］

［句法上分解结构］+［中介语规则］→记忆→重建句子

在这个过程中，由于听读的都是课文中的句子，所以语义基本上是已知的，从而使问题集中在了句法上，学生的注意力也主要集中在了句法上。这对于课文的语言结构的学习有一定的作用。

除以上两个在听读训练中比较容易出现的错误外，虚词常常被遗漏或被替换为别的词也是较容易出现的错误，学生在听读时需要注意,这里不再详细介绍。

　　需要注意的是,以上在听读方面容易出现的问题往往纠缠在一起,不能截然分开。总结起来,还可以概括为下面两个普遍性的问题。

　　第一,错误多出现在句子的后半部分。在听读中常常会有句子的前半部分记得比较清楚,后半部分说不下去的情况。

　　第二,句子简单化(主要表现为句法简化)。被简化的部分正是中介语句法系统中不具备或还没有完全建立的,在短时记忆检索分析时没有被很好地识别,就丢失了。

二、中级阶段对外汉语口语教学的朗读实践

　　对于中级阶段的对外汉语学生而言,是否能形成科学合理的口语输出能力是其教学活动是否成功的一个重要标志。而确定对外汉语学生的口语输出能力一般多是以其是否具有较好的朗读能力为标准的,因此在中级阶段的对外汉语口语教学中,朗读也是一种常见的实践形式。

（一）朗读实践的作用

1. 朗读可以帮助学生正音、正调

　　朗读可以算是一种"准口语",在开展朗读活动时,如果教师能够长期关注学生汉语表达的重音、连读、变调、儿化音等有关口语标准的技巧,并对其进行训练,就能够为学生练就一口纯正的、标准的汉语打好基础。

2. 朗读有利于培养学生的语感

　　一般情况下,在中级对外汉语教学中,教师提供给学生进行朗读的材料都是汉语的。而当对外汉语学生开始朗读时,他就需要将口、耳、眼结合起来利用,使所读的内容在大脑中不断得以强化。这种刺激会对学生的记忆和大脑产生刺激,当其再遇到类似

的场景或情境时,脑海中便会不自觉地展现他之前所朗读过的语言材料,并以此为标准来评判自己的口语表达是否准确。

3. 朗读可以使学生更早接触语法、单词及语篇衔接手段

在进行对外汉语口语教学时,如果教师能够设计多种情境并给出适当的表达方法,让对外汉语学生反复进行朗读,并在此过程中不断锻炼自己的发音,学生就会将这些语言材料形成程序性的系列模式,一旦学生有表达的需要,脑海中就会出现某个模式,只要稍加改造就能说出符合当时语境的句子。

4. 可以培养学生形成段落分明、首尾呼应的习惯

当国外留学生学习汉语到了中级阶段之后,掌握了一定的词汇量,教师再注意选择适合学生的材料并加以体会、模仿,就能帮助学生养成注意篇章结构模式的习惯。

5. 可以帮助学生体味汉语语句的含义

对于汉语而言,其句子的意思不仅指其表面的意思,还包括一些隐含的意思。这一点对于将汉语作为第二语言的对外汉语学生而言,是非常困难的,若教师没有注意引导他们理解和体味汉语语句中所传达的各项意思,他们在语言交际中便不能真切理解说话人的意图和用意,自然也难以产生良好的交际效果。而朗读则可以通过一些朗读材料塑造一定的口语情境,教师在这种情境下指导对外汉语学生去理解语句的意思,自然也会有较好的效果。因此,朗读可以帮助学生体会汉语语句的含义。

(二)开展朗读实践必须注意的问题

1. 科学选择朗读材料

一般来说,要想通过朗读来提高对外汉语学生的口语表达能力,就需要科学选择朗读材料。具体来说,在选择朗读材料时,可从以下几方面入手。

第一,朗朗上口的儿歌、绕口令等,如《红鲤鱼与绿鲤鱼与驴》

《八百标兵奔北坡》《黑化肥》《打南边来了一个喇嘛》等。

第二,改写过的寓言、神话小故事,如《白蛇传》《沉香救母》等。

第三,包含名句的古诗词,如崔颢的《黄鹤楼》、苏轼的《水调歌头》、李煜的《虞美人》等都是不错的选择。

2. 朗读实践的注意事项

(1)教师自身在朗读时的注意事项

第一,教师要明确一点,即学生汉语口语表达能力的提高以及朗读水平的提高是有一个过程的,因此在进行朗读活动时,一定要注意循序渐进。

第二,教师要处理好课堂时间的安排。通常,教师应将领读、跟读、齐读、自由读(时间可以是分割的)等控制在十分钟之内,课后要给学生留下大量朗读练习。

第三,教师要处理好朗读与口语输出的关系。口语是一种产生性技能,必须要伴有大量的输出练习,朗读只是其中的一个环节。

第四,教师在选择朗读材料时要遵循"可懂输入"的原则,不要仅仅将朗读材料局限于学生已经学过的词语或句子的范围内,可以出现适当范围的扩展,但必须要把握好度。

(2)教师对学生在朗读时的注意事项

第一,教师要注意在对外汉语教学的课堂上,营造一个宽松、和谐、积极、有好的氛围,以便学生在课堂上保持轻松的状态,积极主动地开展朗读活动。

第二,在教学过程中,教师应注意帮助学生克服胆怯、害怕出错而丢面子等心理,鼓励他们在公众场合进行朗读。

第三,汉语相对于其他一些语言而言,是有一定难度的,因此一些对外汉语学生在学习汉语的过程中难免会出现急躁等心理,这时教师就应注意帮助他们克服这些不利心理,指导他们一步一个脚印地向前迈进。

第四,考虑到口语表达不同语境、不同语调的特点,教师在进行对外汉语的口语朗读课程中,除了要积极强调学生注意标准的发音和进行语调、句式、语段等的练习之外,还应引导学生根据不同的材料、不同的场景选择相应的朗读节奏。

三、高级阶段对外汉语口语教学的辩论实践

高级阶段的口语教学更侧重于学习者成段表达的技巧以及用汉语进行思维的训练,辩论是进行这种训练行之有效的方式,它可以为学习者提供一个自由的习得汉语的环境,在发挥其主观能动性上具有明显的效果。

（一）辩论实践的作用

在高级阶段的对外汉语口语教学中,辩论实践的作用主要包括以下几方面。

（1）为学生创造了自由的交流环境。成人学习第二语言的途径不仅是通过学习,也可以通过习得的方式获得,换句话说,语言知识的学习和语言技能的训练相结合,是最好的途径。留学生在目的语国家学习,为习得提供了可能。在高级阶段的教学活动中,学生在课堂活动中的主体性更加显著,这就要求我们尽可能地为学生提供一个自由的交流环境,以发挥他们的积极性。辩论的气氛虽然是紧张的,但这种紧张的气氛也会让学生产生自由、主动的情绪,会让学生敢于表达自己的观点,为了小组的荣誉,积极反击对方,大家的自信心和听说能力在不知不觉中提高了。此时,学生克服了害羞的心理,专注于本方和对方辩友的表达内容。他们不单单拘泥于已准备好的材料的复述,还能急中生智,临场发挥。这种自由的、无拘束的交流无疑提高了他们的语言交际能力。

（2）培养并加强学习者用汉语思维的习惯。在对外汉语口语学习的最初阶段,学习主体很难将思维直接与目的语联系起来,在理解和表达上往往需要一个由母语翻译为目的语的中介过程。当学习主体达到一定的水平后,便已经积累了一定的词汇量和语言规则,适当的交际环境可以为他们提供用外语进行思维的

契机。在紧张、激烈的辩论中,辩论主体要尽快理解对方的意图和言语内容,对对方的问题及时做出反应,必须尝试将思维和汉语联系起来,辩论则起到了一定的督促作用。

（3）激发灵感,挖掘潜力。第二语言的学习不是对语言知识的简单、机械的重复,而是一个具有创造性的过程。第二语言学习的主体已经具备了第一语言的语言知识、文化知识和科学的思维能力。

这为学习的创造性提供了保障。而辩论过程的自由性为学习主体发挥其创造性提供了一个广阔的空间。在辩论过程中,学生们时时有一些精彩的语句,而这些精彩的辩词常常是他们"急中生智"的成果。所以说,辩论具有激发灵感,挖掘潜力的重要意义。

（4）提高应变能力。对处于高级阶段的学习者而言,凭借自己已掌握的语言能力,在基本的日常生活交流中,面对固定的谈话对象、相对固定的谈话内容,交际过程中一般不会遇到障碍。而依据第二语言学习者的学习动机来说,无论是职业的需要,还是交际的需要,他们在日后的工作和生活中,都将面对更多不同的场合、不同的谈话对象,交际的背景和交际目的也各不相同,交际内容的复杂性和不可预测性决定了交际者在具备一定的语言知识、文化知识和交际策略的基础上,还要具备一定的应变能力,针对不同情况做出相应的反应,只有这样,交际才能成功。而辩论为学生提供锻炼应变能力的机会是不言而喻的:在辩论过程中,辩论双方都无法预测对方提出的论据材料,而要使辩论顺利进行,不仅要有准确、丰富的材料作为根据,更需要对意想不到的提问、陈述等做出适当的回应,这在无形中提高了学生的应变能力。

（二）辩论实践对主客体的要求

辩论的主体一般需要有一定的汉语水平,这个水平相当于《汉语水平等级标准与语法等级大纲》中规定的中等水平或中等水平以上,具体来说,他们应该具有一般性的听、说、读、写、译能力,具备在中国高等院校入系学习的基本语言能力。这既是对辩论主体的要求,又是在教学活动中使用"辩论"形式的前提。

辩论对客体的要求也就是如何选择辩论的主题。通常,辩论的主题应联系到实际的教学内容中,要针对所学的内容确定辩论题目。选择的辩论题目要紧紧围绕教学内容,这样既可以巩固所学内容,又可以顺利地完成用汉语沟通和交流的任务。

四、不同流派的对外汉语口语教学实践

(一)提问式口语教学

从对外汉语口语教学的基本任务来看,它实际上就是要培养对外汉语学生的口语交际。而在口语交际中,很大一部分内容是通过言语问答的形式来开展的,其中"问"是主动发出信息,"答"是被动的反馈。为了让学生主动地学,而且在将来的言语交际中处于主动地位,在对外汉语口语教学中,应该强化学生的问。问,是言语过程的起点,是口语教学的一个重要内容。

1.激发学生问的欲望

在对外汉语口语教学中,一定要注意激发学生问问题的欲望。通常,学习汉语的外国留学生对中国悠久的历史文化有着强烈的了解欲望,对国人的语言还有中国的社会、文化、风俗、习惯、历史乃至心理状态都有着很强的好奇感,有感必然要发,必然要问。激发他们问的欲望,关键在教师。所以,教师在开展对外汉语口语教学的过程中,一定要注意将自己的心扉敞开,以积极的态度鼓励学生发问,以免学生因害怕教师不悦而不敢提问。与此同时,教师还应注意以当前的教学内容为基础和依据,为学生创造一个恰当的语言环境,以便学生能深入情境中发问。此外,对于学生的问题,教师也要及时给予回答,并给学生恰当的鼓励,刺

激学生问的欲望,提高学生发问的积极性。

2.教会学生问的方法

生活中有千千万万的问题,有各种各样的问法,但是归纳起来,问的方法却仅仅有四种。

第一种是选择问。第二种是非问,包含有四类:一是在陈述句的末尾加"吗";二是在陈述句后,另外加上"好吗?"或"行吗?""对吗?""可以吗?"等;三是用疑问语气表示疑问,其书面形式,只是在陈述句后改用问号即可;四是用"吧"的疑问句。当提问的人对某事有了某种估计,又不能完全肯定时,在陈述句尾加上"吧?"就可以了。第三种是正反问,其中含一般正反问和用"是不是"的正反问。第四种是特指问,包括一般特指问(即用疑问代词的问法)和用"呢"的特指问。

问是对外汉语口语教学的一个重要内容和重要形式,为了确切发挥出这种提问形式对对外汉语口语教学的效果,教师应注意使学生先学会以上四种问法,并要求他们每天练习这四种问法。

3.实现学生问的训练

无论是哪一种语言技能的掌握都离不开大量的实践,通常,实现学生问的训练主要包括以下几种。

(1)见面两问

见面两问实际上就是让对外汉语学生在课堂教学开始之前,利用已经学习过的材料和知识,向教师提出两个问题,如果问题不存在语病,而且真实,教师就必须回答。这样不仅帮助学生复习了已经学习过的语言知识,也能够激发学生用汉语发问的欲望。

(2)每词必问

对每课的生词,学生也要做到每词必问。学生负责在课前将生词抄在黑板上,逐个轮流,每人一天。这是学习汉字的过程,也是对学习的促进。更重要的是,学生在抄写的过程中会发现很多要问的问题。生词的发音和组句,需要教师首先进行示范,并输入正确的语音信息,先入为主,从而给学生以正确的语感。然后让学生以教师提出的句子为依据提出问题。

此外,开展每词必问时,教师应注意引导学生对每一个问题都进行重复并回答。在此过程中,对所提的问题不仅要从声母、韵母、声调等方面进行训练,而且要从重音、停顿等方面对其进行训练,以便帮助对外汉语学生理解句子中的音强、音长、音高、节奏等问题。在这里,一个学生用一个生词组成的一个问句,全班同学都在重复,都在回答,他就会在小有成功的兴奋中轻轻松松地就掌握住了这个词。同时全班同学也都提高了这个词的使用频率,加强了学生大脑词库对这一生词的熟悉度。这样便可以大大提高言语交际中对这个词的检索水平。

这里需要指出的是,由于词与词存在着一定的差异,所以,在进行"每词必问"的训练时,方法与力度也因词而异,而且这一教学活动要与句型、课文教学融为一体。

(3)一句多问

训练学生说的技巧主要靠模仿,同样,训练问的能力也要靠模仿,这种模仿是搞"一句多问"的模仿。这是每课的重头戏,主要在课文与句型的教学中进行。例如"三婶昨天买了两条鱼"这个句子便可以通过以下三个步骤进行教学。

第一步:教师以正常的语速说出这个句子,然后让学生说出句子的中心词,即"三婶买鱼"。然后将这个中心语作为引子,引导学生认识"主""谓""宾"这个结构,之后用标准的语音、语调提出针对这个"主""谓""宾"结构的问题。

第二步:用填充法对"三婶买鱼"这个中心语进行填充,分别加上状语"昨天"和定语"两条",然后让学生模仿教师的添加方法对中心语进行扩充,之后再引导他们模仿教师正常的语调和语速。

第三步:要求学生对该句子的不同成分逐一提出问题。能够辨认句子成分,才能对同一句子针对不同命题进行多角度、不同方式的提问,而每一个问题实际上都能够使人们在语言心理机制上出现高频率的转换与倒转换,也就是说每一次提问人们的表层结构到深层结构就会进行一次转换与倒转换,这种转换的频率越高,人的言语能力也就越高。

（4）多句一问

所谓多句一问,就是要学生从一个句子走到句群中去,从问小问题到问大问题。这种发问是在课文教学中进行的在一段以至通篇之中进行的抽象性提问,这可以让对外汉语学生的汉语能力在宏观和微观的变化与转变中得到一定程度的升华。要达到这种升华,教师可以在进行了"一句多问"的训练基础上,并注意为学生开展有价值的提问训练创造良好的氛围。

4. 考核之问

作为实现教学目的的手段之一,考核具有督促、引导的作用。所以,教师在对外汉语口语教学中可以采用考核之问。通常,传统的考核方式是教师问学生答,在这里,教师可以变革以下考核办法,可以采用学生问教师答的形式,分五组考题供学生抽签。每组包含以下四类题目。

第一类:以某一专题为中心,学生向教师发问,会话五分钟。例如有一次考试出了如下五个专题:告别、去医院看病人、祝贺生日、找旅馆和托运行李。

第二类:一句多问,要围绕考签上的题目问出五个甚至五个以上的问题。

第三类:多句一问,针对某一段话概括性地问出一个问题。

第四类:临时发问,以周围环境临时随意向教师问出两个问题。

这种考核方式从第一单元测验就得开始。学生逐渐适应后,兴趣浓厚,对教学有明显的促进作用。考核中,有以下四条问的准则来判断与衡量学生问的水平。

第一,量的准则,即每问只能有一个质疑点。

第二,质的准则,即质疑点要明确。

第三,关系准则,即内容要符合语境要求,尽量做到得体。

第四,方式准则,即问的语音、语调准确。

（二）语段、语篇口语教学

在对外汉语教学中,学生会经历一个由词到词组、单句、复句、语段乃至语篇的渐进程序。其中,词、词组、单句到复句的教学相对简单,而语段、语篇口语教学则复杂得多。在具体的教学实践中,教师一定要注意语段、语篇口语教学的重难点,根据学生的认识特点,提出建议,从而达到良好的教学效果。

1.语段、语篇教学的重难点

（1）连贯问题。学生在进行语段、语篇表达时常犯形式连贯而语义不连贯的"假连贯"的错误。

（2）主述位结构问题。学生在进行语段、语篇表达时常出现主述位推进脱节的现象。

（3）衔接问题。学生在进行语段、语篇表达时时常出现篇章衔接不合理的情况。

2.语段、语篇口语教学模式科学系统的构建

要想运用篇章语言学的相关理论来指导语段、语篇口语教学,构建科学系统的语段、语篇口语教学模式,可以从以下几方面入手。

首先,注重在语段、语篇层面上的相关语言要素的教学,加强学生在语段、语篇的层面上对一般词语、关联词语、句子等语言要素的认识和学习。

其次,加强汉外对比,使学生了解并掌握典型的汉语篇章表达模式,让学生对汉语篇章表达模式有清晰准确的认识,能够准确选择出汉语的表达模式及衔接手段。

再次,设计大量配套的练习,使练习形式更丰富,内容更科学,更有针对性,从而能真正达到有效地提高学生语段、语篇表达水平的目的。

最后,引入篇章语言学中相关理论,建立与基础语法的接口。

第三节 对外汉语口语能力的训练途径

对外汉语的口语能力训练应从发音、句型、话题、对话等方面入手,同时还要注意纠正在训练中容易出错的问题,但教师一定要掌握恰当的纠错技巧。

一、对外汉语口语发音教学训练

口语表达中,发音是否准确将会在很大程度上影响口语交际的质量,因此,在对外汉语口语教学训练中,首先要对其进行训练的就是学生的发音。

(一)关注各国学生汉语发音的特点和难点

发音学习的成果在很大程度上与学习者的年龄、对语音的听觉敏感程度和模仿能力、学习者母语字母的发音习惯和特征、语音练习的数量以及学习者专注和参与的程度等诸多主观因素紧密相关。这些因素显然都是"行为者"(学生一端)充满了特殊性的、个体的、经验式的、历时性变化的因素,也是在教学活动中教师很难控制的因素。如许多日本学生发汉语单韵母 e、u 和复韵母 ou、iu 有一定困难,他们常把声母中舌根擦音 h、唇齿音 f 发成双唇擦音。而韩国学生则把唇齿音 f 误发成双唇音 p、b。日本、韩国学生都发不准舌尖音前音 z、c、s,舌尖后音 zh、ch、sh 和舌面音 j、q、x。欧美和澳大利亚籍的学生在发 ren 这类字词的声音时,往往都会带有一些区域性的特征,读作 ruen。这种特征也表现在汉语的词语连读声调上。韩国学生在词语连读中对于第二声的音高往往低于中国人;而来自越南、马来西亚、菲律宾等国的学生则容易把第四声读作一个降低了音高的第一声。因此,如果教师能够主动关注来自不同国家、区域或地区的学生在汉语语音学习上的不同特点和难点,还是可以给予学习者一定的帮助和指导的。

（二）变换形式反复刺激

发音训练的结果与机械重复的多寡与这种机械重复刺激的深浅有十分紧密的关系。也就是说,发音总是与说话者使用这个语音的多少、受到的语音刺激以及逐渐形成的发音习惯有关。因此,在口语教学中,教师可以通过相对集中的巧妙设计和变化语音重复的形式,来反复刺激学习者,在有限的时间内和一定程度上强化他们对于汉语语音和声调变化的记忆。

口语中不仅有单个字词的发音,还有多个字词连接在一起时声调的关系及变化,因而,词语连读总是留学生汉语语音学习中的难点之一。如把"大马"读作"大麻",把"青菜蘑菇"读作"芹菜蘑菇",导致日常交际中的误解和笑话。因此,词语连读教学就需要更加强调和突出连续性和重复性的特点,即教师在整个一个学期的口语教学中,始终都要注意并反复地提示更正学生在词语连读中所出现的问题,并且要为这些连读的词语设计其上下文或具体语境,这也是在课堂教学中利用重复加强学生记忆的形式之一。

二、对外汉语句型教学训练

如果说词是语言中最小的能独立运用的语言单位,那么句子就是言语交际行为中传情达意的最基本的单位。句型教学与语音教学既有联系又有区别。句型教学也需要有意识地运用重复手段以加强或刺激学习者的记忆,但是其重复的性质却应该隐含在各种不同的句型的语境之中。对外汉语口语句型教学训练应从以下两方面来进行。

（一）在模拟的语境中进行句型教学

口语教学应充分发挥"行为者"的能动性质,设置一个大致的情境及其在这种情境中合乎交际逻辑或习惯的主要句式、词汇、短语等,然后让学生在此情境中即兴生发,自主地参与创造出一些情境的延伸或扩展。因为,口语教学并不是一味被动地模仿具体的言语环境,无论虚拟的语境模仿得多么逼真,都是一种虚拟的空间。甚至包括教师带领学生进行语言社会实践的具体语境,由于被教师像科学家做实验一样的挑选出来,因而也成了某种客观语境的海市蜃楼。这种虚拟的语境具有某种现实社会语境的本质特征,即它的不可预见、不可模仿和即兴演化的性质。这种设计绝不仅仅是在调动或刺激口语者的兴趣和创造精神,而且是在试图模拟社会言语交际所置身的语境的本质特征。在这种虚拟语境的设置中,教学大纲、教师水平、教学习惯、特点和观念,以及学生接受教育的习惯模式总是在深层发挥着作用。而且虚拟语境的高度仿真,一点也不意味着教学重点的无中心、无计划和随意性,相反,它将自己的能动性体现在了课堂口语尚未开始之前。

（二）适当增加每堂课主要句型的变异形式

教师对句型教学的探索和认识,是以对口语行为的语境关系的理解为基础的。

即使是最隐微、最短暂的口语行为,其交际功能的实现也必须依赖于特定的语境。语境是口语主体间的社会契约,它保证了言语符号被适当地理解,排除不适当的"误解"。换言之,从来就不存在没有具体语境的言语,尤其对于口语来说更是如此。那些看上去似乎脱离了具体语境的字典或教科书,也不过是把人们最常碰到、因而视为自然的特殊语境预设为一般的不证自明的语境而已。因此,任何一种口语教材,都会人为地预设某种特殊的语境。口语教学的各种形式,如课堂上老师与学生或学生之间的口语练习、角色扮演练习、课堂讨论与辩论等,也都有意无意地构成了一种仿真性的汉语口语语境。

不过,在真实的社会言语交际活动中,对外汉语口语教学与实际的语言交际会在一定程度上出现某种程度不协调的现象。因此,句型教学中才总是需要而且应该设计或模拟出生活中某种具体的言语环境,特别是那种环境的本质特征——随机演化的性质。这就需要根据每堂课所教授的主要句型,设计一些在不同特殊语境下这些句型的变异形式。以"早上问候"这一常见的情境口语教学内容为例,教师的基本句型可能是"早上好""你好"或"您好"等。但是在实际生活中,条件或语境改变了,其对问候所作的回应也有所不同。所以,教师不能只满足于在课堂上一般地讲解"早上好"这句问候语,而是在讲解了其基本意思以后,还应该具体说明和讲解一些特殊具体的语境下的变异形式,例如熟人之间的问候及其简单问候之后的延伸交谈,问候者匆匆上班或闲散地逛街时碰到熟人的不同问候形式,汉语中礼貌得体的点点头的问候方式以及根据中国的习惯,外国人应否或能否主动问候对方的问题等。

三、对外汉语口语训练话题的选择

（一）话题的选择及讨论的设计

对外汉语教学应包容多元化的文化及价值倾向,当然,涉及国家主权、政治制度、基本国策、国家机密以及民族尊严等重大问题例外。因此,传统教材中那种只宣传本国文化单一的话题,往往无力组织一堂成功的讨论或辩论课。教师认为,讨论或辩论课应该精心选择或设计那些具有内在矛盾、易于引起来自不同文化背景的人们不同反应的话题。而讨论步骤的设计,则应该从调动学生产生说话的兴趣和勇气出发,设计一系列符合学生兴趣特点的话题形式。至于话题的延伸部分,主要应该由教师来引导,它需要与主话题有一定的连续性,便于学生通过类比和联想掌握与记忆。最后,一堂讨论或辩论课上,教师所设计或所总结的新词汇及句型都不宜太多,应该重在给学生留下较深的印象,并通过课堂练习熟悉和记住。

讨论课的教学步骤依学习者的汉语水平及其他具体情况可以设计成多种不同形式。中级班的讨论教师要设计为两部分:首先以一种"角色表演"的形式进行,即由10位学生(也可以减少至四人,应视教学课时而定)分别扮演申请人,要求学习者参照上述各申请人基本资料的描述,想象其性格以及其他情况,然后向其余同学表演或模拟陈述整个申请的过程。其余模仿奖学金管理人员的学生,则被要求仔细倾听并询问申请人的情况和理由,最终推荐一位获取该奖学金的候选人并陈述理由。其次,根据学习者所表达的观点和倾向,将全班分成若干小组进行商议和讨论,最后以小组为单位再次进行全班的讨论,决定一位奖学金获得者,并陈述理由。而在高级班上,教师只是引进了辩论的因素,当奖学金获得者的提名逐渐集中时,教师就将全班同学分为辩论的"正方"和"反方"两组,要求他们不再根据自己的意见和喜好,而是根据辩论的需要进行立论或反驳。

这种教学步骤中"角色表演"的形式,易于给这种说话或表达的练习增加个性和兴趣因素。据课堂实践检验,参与者情绪轻松活跃而且注意力比较集中,效果比较生动。至于分小组陈述其理由,有时会引起一定的争执,但也往往将口语或讨论引向更深入也更复杂的层面。而在这个过程中,教师发现了学习者为表达意见,所迫切需要学习和掌握的那些新词汇和有用的句型。

(二)深入探索话题

对外汉语口语课的教学目的不是要统一是非、统一观点和统一标准,也不是单纯地介绍或分析中国历史或当代的情况,而是要尽可能地激发不同文化背景所造成的文化冲突,使学生积极思考、表达和解决这些冲突矛盾,并在此过程中学习和提高汉语表达的能力。因此,教师有意识地在话题中发掘或制造某种适度的对立和矛盾,使讨论更加深入,就成为引导技巧的核心之一。

四、对外汉语基础对话训练

(一)情境练习

一般情况下,口语会话都是在一定情境下产生的,因此在进行对外汉语口语教学训练时,教师也应该注意围绕会话的主题为学生设计一定的交际情境,以便让学生在具体情境中开始进行口语表达练习。

从对外汉语口语教学的实际来看,起初,外国学生掌握的汉语语料是有限的,可能只会一些简单的对话,如果不给他们设置情境练习,可能他们到饭店、车站、发廊都不知道怎么交流。因此,教师要针对学生们平时最可能遇到的情境来设计情境。例如,学生 A 在鞋店买了一双鞋,回家之后觉得小了,穿着不舒服,想去退货:

A:老板你好,我昨天在你这里买了一双鞋,穿着感觉有点儿小,走路不舒服,我想退了,可以吗?

B:不好意思,本店货物售出,非质量问题不退。但是我可以给您换一双合适的,您看可以吗?

A:好的,麻烦你帮我换一下,谢谢!

(二)提问练习

汉语的提问方式,特别是特指问句中的疑问代词比较复杂,有的学习者学了一段时间的汉语,提问能力还是不强,所以,口语课文应当加强对提问能力的训练。一般情况下,教师可以就某一主题要求学生对其从各个方面进行提问,它可以将口语会话控制在一定范围内;而自由提问则是由学生就自己所关心的问题进行随意提问,它可以满足学生的自我兴趣,也容易使课堂氛围较为轻松愉悦,但却需要占用较长的时间。教师可以根据课堂教学的氛围、主题等自由选择提问练习的方式。

（三）师生问答

人类最基本的交际方式就是问答。所以,在对外汉语口语教学的基础对话训练中,教师也要重视师生问答练习。在进行这种练习之前,教师必须要对学生的性格、爱好、日常生活情况等有一个大致的了解,这样才能在学生的隐私和比较难答的问题的基础上,提出适合学生特点的、真实亲切而又十分自然的问题,从而使学生积极主动地回答问题。良好的师生问答练习不仅能够提高学生的口语表达能力,还能够增进师生之间的思想、情感交流。

（四）情境问答练习

对外汉语口语教学中的情境问答练习是教师设置情境,让学生在情境中充当不同的角色,进行问答练习。一般做法是老师说一个情境,学生根据情境进行简单的对话。比如教师给出下面的情境让两个学生对话:

在服装百货市场里,A看上了一件非常漂亮的羽绒服,很想买,可是价钱很高,难以接受。经过一番讨价还价之后,服装店的老板B降了价格,A如愿买到了喜欢的衣服。因此,学生可以进行如下对话:

A:老板你好,请问这件羽绒服多少钱?

B:一千五百元。

A:太贵了,能不能便宜点儿?

B:你先试试看合身不?

A:嗯,挺合身的,最低多少钱卖?

B:一千三,不能再少了。

A:还是太贵了,八百卖不卖?

B:这太少了,卖不了,这是羽绒服,这个价钱要赔本。你再加一点吧。

A：那好，再加一百，九百元，最多了。

B：还是太少了，一千块，你买不买？

A：好吧，我买了。

（五）表演

对外汉语口语教学中的表演，就是说话和动作（手势、姿态、面部表情等）的结合，这也是它与问答的不同之处。在对外汉语口语教学中，表演能够加深学生对所学词语、句式、语法的记忆，并将其运用到日常交际中，从而养成用汉语来思考、自动处理语料的习惯。

对外汉语口语教学中的表演主要有三个步骤。

1. 准备

准备步骤主要是准备道具、分角色练习以及设计动作等。

2. 进行

进行步骤主要是让表演学生在其余学生面前进行表演。一组表演完了，轮换下一组。如果有的同学因为紧张把台词忘了，老师可以从旁提示一下。

3. 总结

总结这一步骤主要是教师对学生表演过程中的交际错误给以纠正，对学生的表演给以鼓励和肯定，并重复强调主要语言项目。

五、对外汉语口语训练应注意的问题

（一）教师应倾听和理解学生的谈话

教师专注、仔细地倾听学生的每一句话，根据其用汉语表意的习惯来理解其主要的意思、态度和情感，对于学生具有积极的心理作用。学生往往通过教师的反应(也可称之为口语效果)来确定他自己口语的水平和能力,因此,专注、仔细地倾听他的口语练习,特别是真正抓住和理解学生讲话的要点,并作出相应的口语反应,这种反应本身所传达的信息,能够鼓励留学生讲汉语或用汉语表达的自信与兴趣。

（二）对于不同水平的学生的引导侧重点和方法应有所不同

虽然教师提倡教学中应以学生为主体,但教师的引导作用仍不可忽视。对于不同汉语水平的学生,教师引导的侧重点和方法应不同。一般说来,初级班的口语训练,在关注学生语音、语法问题的同时,应引导学生运用基本句型来说话。中级班的口语训练中,教师仍然需要不断给予学生鼓励,保持学生在说话时某种流畅的节奏和比较自由的状态,要认真、仔细地倾听,避免过细地纠正其语句的错误,而且在其说话的过程中,不打断、不插话,用心辨析并记住学生说话时的一两处典型或普遍的错误,进行讲解或练习,在学生练习表达的基础上,通过引申的问题引导学生逐步完整、丰富或深化其想法和意见。高级班的口语课教师应加强用词的准确性和使用多种表达形式的教学内容,例如增加一些词义的辨析,以及在不同场合使用不同词汇和短语的内容,还应注意挖掘话题中隐藏的一些对立或矛盾的因素,引导学生针对其表述自己的看法。

（三）适时地增加学习难度

适度的压力对于人们认识活动起促进作用,这一点同样适用于教学活动。教学中应仔细观察学生的接受情况,在他们已经比较适应和熟悉了教师的声音和方法的时候,适当增加一点难度,不露痕迹地给他们一点压力和刺激,以期开掘其成年人潜在的认识、联想等思维能力,并通过这些已经具备的认知能力来学习和提高汉语口头表达的能力。

例如,对于初级水平的对外汉语学生来说在进行口语训练时可以适当地选择一些难度较小的内容,如日常生活对话等;而当其汉语水平已经有了一定的提高,能认识汉字时,就可以将汉字阅读融入口语训练中,以不断刺激对外汉语学生提高自己的汉语口语能力。

六、学生口语表达错误的纠正技巧

在对外汉语口语教学中,保证教学质量的一个重要手段就是纠正学生的口语表达错误,这是口语教学的重要环节。教师在纠正学生的表达错误时一定要讲艺术、有技巧,既要纠正学生的错误,又要保护学生的积极性。具体来说,教师可以从以下几方面入手。

（一）加以提醒

一般来说,教师在听到学生的表达错误之后,应立即让学生重述一遍,此时学生就能明白自己刚刚的表述有问题,重述的时候就会加以注意。通常,学生出现的错误多为对语言材料的不熟以及粗心,只要老师加以提醒,他们就会很容易改正,所以再问一遍是提醒并鼓励学生自己改正错误。

例如,以英语为母语的对外汉语学生在进行汉语口语表达时,常常会不自觉地将汉语表述方法按照英语表述的方法进行,如英语中的再说一遍可以用"again"来表示,而汉语中只有"再"翻译成了"again",所以很多外国学生经常说"再说"。这时候,作为老师不能简单地说这样不对,可以适当的给学生解释一下,告诉他汉语的"再"是副词不能像"again"一样单独成句,如果要说也要和一些动词搭配一起,再说一遍,再来一次。

（二）以板书的形式对其进行纠正

归纳总结时,教师可以采用板书的形式,这样既不会打断学生的思路,也能够提醒学生注意自己的错误。不过,要注意的是,运用板书纠错不要只针对个别学生的错误,而应是全班较普遍的错误。如果只针对个别学生的错误,会让该学生紧张,并产生羞愧的感觉,会打击他学习汉语的积极性。但针对全班普遍错误就不同了,这样既能让每个学生都认识到错误,加深印象,又不会伤害学生的自尊心。

例如,在对外汉语口语教学中,教师可以先将学生分成若干个小组(每组 4 ~ 5 人),教师规定 1 ~ 2 个题目,让学生在小组中交流对话,之后再对他们的对话进行总结,在总结的过程中就可以将交流的中心、交流的焦点等以板书的形式写在黑板上,这样就可以起到很好的强调作用,同时也有利于对外汉语学生将汉语口语与汉字书写联系起来。

（三）送正误卡片

有些学生的虚荣心比较强,针对这样的学生,在他犯错误的时候,教师就不能当众点出,要照顾他的心理接受能力,可以选择把他说的错句写在一张卡片上,然后再写上正确的句子,在他人不注意的时候悄悄塞给他,这样做会更适合他的心理。对于他不懂的词,教师要加拼音,甚至给以翻译,既能加深他的印象,又能让他保持对汉语的兴趣以及学习汉语的积极性。

例如,对于初级阶段的对外汉语学生而言,他们在学习汉语之前,对汉语的语音、语法、词汇等都是不了解的,因此很难准确讲出一些汉语词汇或句子,这都是很正常的,教师完全可以细心地对其加以纠正。但是在此过程中,部分学生在连续"说"的过程中,可能都是错的,在这种情况下,依然一遍一遍地教他们正确的说法,很有可能会引起他们的逆反心理,这时教师就可以运用送卡片的方式,将记载着正确说法的卡片送给他们,以减缓他们的尴尬和厌烦心理。

第六章　新时期对外汉语阅读教学研究

对外汉语阅读教学是对外汉语教学中非常重要的一个组成部分。科学研究表明,在感觉器官接受的信息总量中,视觉占83%,听觉占11%,其他器官占6%。由此而知,不能忽视阅读技能对于学生学习语言的影响。为了提高学生的阅读技能,提高其汉语语言水平,必须重视对外汉语阅读教学的研究,尤其是探寻其良好的教学实践和科学的阅读能力训练途径。

第一节　对外汉语阅读教学的目的与过程

一、对外汉语阅读教学的主要目的

对外汉语阅读教学是一项有计划、有目的的活动。把握实施这项活动的主要目的,不管对教师来说,还是对学生来说,都有百利而无一害。因为在清晰而明确的目的之下,学生的方向感更好,教学开展起来会更为顺畅。概括而言,对外汉语阅读教学主要有以下几个方面的目的。

（一）扩充学生的汉语词汇量

学生所掌握的某种语言的词汇的多少与其阅读技能的高低有明显的关系,对其阅读理解有着非常大的影响。因此,扩充学生的汉语词汇量是对外汉语阅读教学的一个重要目的。

在这一目的的指引下,对外汉语教师应当注重以下几个方面。第一,周密地控制或安排阅读材料中的词汇使学生接触目标词汇(生词);第二,设计生词表进行专门地学习,如在阅读前向学生讲解;第三,在教学中自然出现生词时向学生解释词义;第四,当学生在阅读中遇到不熟悉的单词时,让他们通过上下文猜测词义,教师只给一点提示;第五,单独进行词汇教学,如学习单词拼写规则、构词法或做词汇游戏等。

词汇的扩充跟阅读量有着密切的关系。阅读一篇文章后学生能够记住的单词往往很少,但如果经常阅读,累积的数量就会比较大。因此,在阅读教学中,对外汉语教师要让学生多阅读,通过增加他们的阅读量,让他们与词语重复接触来逐渐加深他们对词语的记忆,从而扩展他们的汉语词汇量。

(二)提高学生的阅读技能

在汉语阅读过程中,理解语篇的意义是阅读的一个重要目的。而理解意义的基础,是对汉语知识的掌握情况,是阅读者本身的阅读技能。因此,在对外汉语阅读教学活动中,提高学生的阅读技能就成了一个重要的目的。为了提高学生的阅读技能,对外汉语阅读教学应当多增加一些阅读技能训练。

(三)增加和巩固学生的汉语知识

与语法教学相比,阅读教学的一个显著特点就是能够为学生提供大量语篇,使其在语篇中学习字、词、句、篇等语言知识。这些知识很多是在语法教学中学过的,但缺少复习的机会。在阅读教学中,教师必然要安排学生阅读更多的课文,而课文中的字、词、句的出现都不是孤立的,而是有一定的语言环境。教师应当抓住这一点,来增加和巩固学生的汉语知识。

为了达到增加和巩固学生的汉语知识的目的,教师应当在学生的阅读中多帮助他们对出现的一些语言知识进行理解,多培养他们的语感。此外,在选择和改写阅读材料、编排语言知识时要遵循相应的原则。例如,阅读材料不能太难,数量稍多一些,选材讲究趣味性和实用性;生词量、语法难点相对较少,生词重复出现的频率高。这样就容易让学生在大量的阅读中自然而然地学习、巩固语言知识。

（四）提高学生的汉语语言水平

对外汉语教学的主要任务就是提高学生的汉语语言水平,那么对外汉语阅读教学也不应当偏离提高学生的汉语语言水平这个总的目标。在开展阅读教学活动的过程中,教师应当让学生通过大量的阅读来复习和巩固学过的字、词和语法,认识并尽可能吸收阅读材料中新出现的一些字、词和语法,同时对相关的文化知识进行学习和识记。

此外,在一些阅读训练中,要注重培养学生善于发现新的语言现象和文化现象的能力,同时让他们将在阅读中学到的新词语、语法和文化知识应用到听、说、写的实践中,以便真正提高他们的听、说、写的能力。

二、对外汉语阅读教学的过程

过程就是事物发展所经过的程序。对外汉语阅读教学也有其相对较为固定的程序,教师和学生一般会根据该程序进行教学和学习。由于对外汉语阅读教学主要以指导学生阅读为主,因此,这里可将整个的阅读教学过程分为以下几个程序。

（一）阅读前的准备

在这一环节中,教师需要帮助学生引入阅读的主题,引入的关键是做好与主题相关的铺垫,使学生为更好地理解阅读材料而做好充分的准备。一般来说,如果阅读主题对学生而言是十分陌生的,那就应该介绍一些与这一主题相关的知识背景。例如,对外国学生而言,中国的京剧是比较陌生的,在让他们阅读一篇关于"京剧的衰落与振兴"的文章时,应当提前介绍一些相关的文化背景,否则难以让学生将已有知识和阅读主题联系起来,也就难以理解阅读材料。

除了注重介绍与主题相关的文化背景外,教师还应当注重帮助学生认识文体以及文体与社会语境的互动关系,以便让学生更深入地理解阅读材料。例如,阅读"文革"年代的文章时,可讲解一些社会语境对篇章的制约关系,以及语境怎样决定着某些特定词语的使用。

（二）布置任务

在教学中的阅读不同于在日常生活中的阅读,其往往有明确的目标和任务。任务的明确与否、科学与否,往往在很大程度上影响着学生的阅读。好的任务会正确地引导学生进行阅读。因此,在引入阅读主题,帮助学生做好相关的一些准备后,教师应当布置明确的任务,如"阅读材料所阐述的主要观点是什么?"下达阅读任务时,教师可让学生对所阅读的文章内容先做一些预测。这种预测可以根据文章的标题,或根据汉语篇章的结构方式、连贯方式去做,也可以根据学生对情节、情境的逻辑认识、逻辑关系去做。例如,文章的首句是"有氧健身的流行不是偶然的",那么下文可能是要解释原因的,教师就可以让学生先根据自己的认识预测一下是什么原因让有氧健身流行了起来。

（三）正式阅读文本

正式阅读文本是阅读教学过程中的重要环节,所占用的教学时间最长。在这一环节中,学生不能单纯地进行阅读,而是要在阅读中设法理解其中的意思,掌握其中的关键信息,完成教师所布置的任务,实现阅读的目标。学生在正式阅读文本的过程中要真正做到这些,应注重运用各种阅读技巧和策略。

在正式阅读文本的过程中,应当将阅读目标监控贯穿始终。

所谓阅读目标监控,就是指学生在阅读的过程中,适时地考虑自己的理解是否有误、自己的阅读方法是否有效,是否与目标紧密相连等,如果觉得有问题,则及时找出问题的原因所在,并进行相应的纠正与调整。作为教师,则应当教导学生如何有意识地注意自己的阅读行为,提高他们的监控意识,如果出现问题,则应试着变化阅读策略,重读相关语段,做出相关的补救,以接近阅读目标。

(四)阅读后的相关实践活动

在正式阅读文本环节结束后,教师应当指导学生对阅读理解的结果进行检查。检查的方式主要是让学生做相关的练习,如读后说的练习、读后写的练习等。读后说的练习包括口头回答问题、说大意和中心思想、复述、讨论和评论等;读后写的练习包括写出问题答案、写大意和中心思想、写读后感等。这些练习其实就是学生对阅读结果做出的反馈,这些反馈能够为教师之后的阅读教学提供一定的依据。

在这一阶段,教师还可让学生利用阅读材料,来完成一些实践性的交际任务。例如,某作家雇用了一保姆,他们在某些日常事务中发生了分歧。作家与保姆各自给朋友写信诉苦。教师可以让不同组的学生分别阅读两个文本的信,学生阅读的两个文本所叙述的观点自然是不同的,阅读后,两个组的学生可交换不同的信息,甚至还可以结合自己的观点发表评论,或者就作家和保姆的观点进行辩论。

第二节　对外汉语阅读教学实践

一、精读和泛读教学实践

由于阅读一般分为精读和泛读两种,因此,在对外汉语阅读教学实践中,就有了精读教学实践和泛读教学实践之分。

（一）精读教学实践

精读,是指一字一句细致地读,需要阅读者掌握阅读材料的全部内容,需要掌握语言形式(如语法结构等)。在精读教学实践中,教师一般都会在教材中选择一篇主课文作为精读材料。课文中分布着生词、语法点、各种习惯表达法、俗语、文化背景知识等。学生可根据教材中设计的多种练习逐步掌握这些知识,不断充实、更新语言知识库,为阅读能力训练打下基础。精读教学实践主要包括以下几个环节。

1. 导入

在精读教学实践中,好的导入方式能够起到调动课堂气氛、集中学生注意力、引起学生兴趣的作用。因此,教师一定要重视课程导入,并选择恰当的导入方式。

在课程开始后,如果是初次上对外汉语精读课的班级,教师可以通过点名和简短的提问,来初步认识学生、融洽师生关系。如果是已经熟悉的班级,教师就不用挨个点名了,可以问一问缺勤学生的原因,或者根据现场的情况提问,如"××同学休息好了吗?""你们周末过得怎么样?"等,然后将学生的注意力集中到课堂学习上。

很多教师会选择直接从内容上导入课程。选择的导入方式为问题导入式,即根据课文内容,向学生提出一些问题。例如,《发展汉语中级汉语(上)》中的第一篇课文是《五色土》,主要讲述了北京中山公园中的社稷坛。导入的问题可从宽泛导向集中,依次为:

问题一:"你们去过北京吗?"

如果有学生去过,可以继续问去过的学生:

问题二:"你们参观过北京的什么地方?"

回答一般为"长城""故宫"等,那么教师可以进一步问:

问题三:"那你们去过中山公园吗?"

为了引起学生的兴趣,教师接下来可将事先准备的公园图片展示给学生,并进一步展示本课重点学习的社稷坛的图片。之后,让学生描述一下自己看图后对社稷坛的感受和印象。接着教师导入课文《五色土》。

需要注意的是,课文内容不同,提问的问题也应当不同,教师可灵活对待。此外,教师不能问得过难,也不能东拉西扯地跑题。

2. 生词教学

成功导入课程后,接着可以进行生词教学。虽然一般的精读教学实践中的教材体例,都是在课文后列出该课的生词表,但在教学环节上应当先进行生词教学,以帮助学生扫清阅读障碍。生词教学环节可遵循以下几个步骤。

(1)预习生词

在精读教学实践中,预习生词是非常重要的一个任务。课文中的生词量也往往比较大。在初中级的教材中,注释一般是英文的,这对大量从非英语国家来的学生来说没有多大帮助,学生还必须事先查阅词典,才能够了解词义。在高级阶段的教材中,注释往往照搬汉语词典,因而注释中同样存在着不少生词,学生还得先解决注释中的生词障碍。所以,为了保证精读课的顺利进行,教师必须要求学生在课前预习生词,以扫除生词障碍。

(2)朗读生词

在精读教学实践中,学生认识生词后,教师一般会要求其反复朗读生词。较为普遍的做法是先让学生轮流朗读,一人读一个词或一人读数个词。在学生朗读的过程中,教师要注意学生的发音,进行正音,可以即时正音(一读错就立即正音),也可以事后正音(全部读完后,再将读错的音单独提出来纠正)。初次轮读正音之后,教师应领读生词,给学生以正确的读音印象,最后再让全体学生齐读,以加深印象。

对于一篇课文的生词,有的教师会选择一次性学完,有的教师则会选择只学习本次课时中所涉及的生词。一般推荐后者,因为一次性学完,学生难以消化,一方面占用太多教学时间,一方面不利于学生记忆。

（3）解释生词

虽然预习了生词,但是在阅读中,学生还是会遇到不懂的生词,这就需要教师进行解释。解答疑问生词最简便的方法是教师直接给出解释,但更好的方法是把这个问题交给全班,由学生自己试着解析。这样做的好处是给学生更多表达和练习的机会。由于学生的知识和文化背景不同,对生词的难易感受不同。某个学生感到难以理解的词,其他学生可能理解得非常准确。这样让学生互动起来,能够很好地激励和鞭策他们。当然,在学生给出的解释不太准确时,教师也要及时加以纠正和引导,给出更准确的解释。

在解释生词这一环节中,教师也要注意提出自己认为学生应重点掌握的词,或对学生会产生误解的词予以解析。教师提出重点词的相关问题后,同样应先让学生试着回答。如回答正确,说明学生已经掌握,即使回答错了,让学生先进行预测、猜想,再给他们正确的解释,也有利于加深印象。

关于解释生词的方法,常见的有定义法、翻译法、实物法、演示法等,教师可根据不同的情况,采用最合适的方法。

（4）练习生词

生词练习是解释生词后的必要步骤,因为它能够帮助学生进一步理解词义和掌握用法,可以考察学生是否真正掌握了生词。为了避免使精读课变为词汇课,练习生词时,要有所侧重,要练习那些意思和用法没那么容易的词语,如含有较强构词成分的词、对应词、多音多义词、由集合名词可引出个体名词的词等。

3. 课文教学

在生词教学环节结束后,精读教学就进入了课文教学环节。这可以说是精读教学实践的核心环节。它的步骤如下。

（1）朗读课文

朗读的方式有很多,可以是教师示范朗读,可以是教师领读,也可以是学生单个读,还可以是学生齐读。在学生读课文时,为了不破坏课文的完整性,帮助学生理解,教师一般不应当打断学生,而是记录下学生读错的地方,自然段读完后集中正音。

（2）理解课文

在理解课文时,教师一般不一句一句地进行讲解,而是通过提问引导学生理解课文。这种提问的方式不仅能够很好地启发学生,还能检验学生对课文的理解程度。提问可分为直接式、辨误式与延展式。直接式是根据文章内容提出问题,学生直接回答。辨误式是故意歪曲作者观点,列出一些错的选词或句子,让学生判断,并说出为什么错,对的答案是什么。延展式是从课文出发,提出一些延伸性问题,以拓宽拓深讨论的题目。

（3）师生讨论

师生讨论就是指教师让学生互相问答,教师进行适当的引导。由于学生的个性不同,有的开朗外向,喜欢与人讨论,而有的羞涩内向,不敢与人探讨。因此,教师既要鼓励积极参加讨论的学生,也要给闷声不语的学生以鼓励和机会。为了让每个学生都参与讨论活动,可采取机会均等的办法,即一个学生先提问,之后指定一个学生回答,回答完问题的学生再提出一个问题,指定另一个学生回答,如此循环,人人机会均等。

4.语言点教学

在对外汉语精读教学实践中,语言点教学是不可缺少的一个环节。它是指针对一些重点词语和重点语法进行教学。

（1）重点词语教学

在生词教学中,学生通过预习、朗读、解释和练习,一般已经能够掌握生词的基本词义。但是在课文教学环节之后,教师还应当对重点掌握的词语进行详细的解释,并组织学生深入的练习。这一环节中的练习与生词教学环节中的练习是不同的,它主要以造句、复述课文和自编故事为主。

①造句

它是指教师给出一个重点词语,让学生造一个句子。如果学生能够准确地运用这一词语造句,就说明他们掌握了这个词的意义和用法。为了避免学生因没有做好思想准备,或因紧张大脑出现空白,而长时间造不出句子,教师应当给予一定的引导,打消学生对造句练习的畏惧和反感。以下几种造句练习方式是对外汉语教学中经常采用的。一是模仿造句方式,即学生模仿教师给出的例句来说出一个新的句子。这种方式的操作性比较强,学生的参与性高,但是由于教师的例句带有一定的限制性,因而在某种程度上会制约学生的思维。二是扩句方式,即让学生围绕中心词语逐渐扩展句子,由词到词组到单句再到复句,不要求一下说出整句。教师可让大家一起参与,共同完成一个越来越复杂的句子。这不仅能够使学生产生成就感,还能加深记忆。三是补充造句方式,即由教师说出前半句,让学生用指定的词语来把句子补充完整。四是给出指定词语回答问题的造句方式,即教师根据重点词语设置问题,请学生用指定的词语或者固定的结构来回答。

②复述课文

这是指教师让学生用重点词语来复述课文的大概意思。这种方式不仅能够锻炼学生的词语运用能力,还能够培养学生成段的表达能力。

③自编故事

这是指让学生自己编一个故事,在故事的讲述过程中把需要练习的重点词语串进来。这种方式能够充分发挥学生的想象力,讲出有趣的故事,既能练习正确使用词语,又能活跃课堂气氛。教师既可以让一个学生单独进行,也可以让几个人一起进行,共同编一个故事,还可以在全班进行,每人讲一句,只要能正确地用上指定的词语就行。

在重点词语教学中,具体采用哪种练习的方式应根据所教词语的特点采用适当的方式进行练习。切忌使用太多方式练习重点词语,否则容易分散学生的注意力。

（2）重点语法教学

在精读教学实践中,重点语法教学是语言点教学中的重要内容。许多精读教材,在每课中都会展示一定的语法点。教师对此应当进行详细讲解。在讲解过程中,教师一般是先展示课文中的例句,然后对语法点的词性、基本格式、语法意义、使用要求、限制条件进行介绍,最后再给出几个例句。

在讲解完后,应当进行语法练习。语法练习注重固定句型的教学,如初级阶段的"把字句""被子句"、趋向补语句等。中级阶段,应重视带有关联词搭配的复句。

教师要做到有的放矢地进行语法点教学,首先自身应当具备扎实的语法知识。这不仅包括现代汉语语法知识,还包括对外汉语语法知识。

5. 文化因素教学

文化因素教学也是精读教学实践中的一个环节。在以前的对外汉语精读教学实践中,教师可能不是很在乎。但是进入新时期以来,人们越来越关注文化因素,认为这是提高汉语水平的一个重要因素。

程棠曾指出:"语言课的文化内容或文化因素,概括地说,包括三个方面:一是语言教材课文的文化内容;二是包含在词语和语言结构内部的文化因素;三是语言运用的文化背景知识,也即语用文化。"[1] 课文中的文化内容容易理解,但"词语和语言结构内部的文化因素"和"语用文化"往往容易被忽略,因此,教师在这方面应有一定的自觉性。例如,在精读课上介绍"打招呼"的方式时,要特意说明中国人问别人"去哪儿?""吃了吗?"时完全是为了打招呼,并不是真要了解对方的去向或关心对方的吃饭问题。这种解释就将语言结构与语用文化充分结合了起来,能够有效消除学生认为中国人不尊重他人隐私的文化困惑和不适。

一般来说,在学生学习第一句汉语的时候,文化因素就出现

---

① 陈枫:《对外汉语教学法》,北京:中华书局,2008 年,第 252 页。

了。随着学习内容的丰富和汉语语言水平的提高,学生遇到的文化因素会更多、更复杂。因此,教师应当一开始就重视这一问题。

与其他对外汉语教学实践相比,精读教学实践中的文化因素教学更为突出。较长篇幅的课文、大量的词语、丰富的练习,处处蕴涵着文化因素。因此,教师应当多带领学生关注跨文化交际问题,多进行一些传统观念与现代观念、东方文化与西方文化的比较。

对外汉语精读课上的文化教学不同于专门的文化课程。专门的文化课程往往是向学生系统地讲授文化知识,主要目的是让他们了解和掌握文化知识。而精读课上的文化因素教学主要是为了让学生更得体地进行语言交际。因此,精读课上的文化因素教学的方式应注意与语言技能训练相结合。一般来说,讨论式最佳。讨论式又可分为以下几种。

第一,学生分小组讨论。这是指先将学生分成几个小组,让小组对课文中的文化因素进行讨论,之后派代表向全班陈述本组观点。这种方式能够让每个学生都有较多的练习机会。当然,教师不能放任自流,应该到各组去聆听,参加、指导讨论,纠正学生的语言错误。

第二,师生一起全班讨论。这种方式的好处是学生直接跟教师交流,容易产生信任感。不足之处是由于人多,每个人的表达机会少。

第三,辩论。这是指学生根据自己的观点分成两组进行辩论,教师做主持或评委。采用这种方式时,教师要有简短的培训,确定如何分组、每个辩手的角色和任务、辩论的顺序、发言的时间以及评判标准等,使辩论不致失去控制或偏离训练目标。辩论后教师应当作简短点评,并给学生用一句话总结自己观点的机会,让辩论过程完满,学生也会从中获得一定程度的满足感。

（二）泛读教学实践

泛读,是指粗略地阅读,需要阅读者掌握阅读材料的主要内容或大意梗概。它又可分为略读、跳读和消遣性阅读。泛读的注意力主要集中在阅读材料的内容上。近些年,对外汉语简易读物的范围已经得到较大的扩展,不仅涉及文学,还涉及科普读物、地理、历史、艺术、政治等。因此,有效的泛读能够扩大学生的知识面,增进对我国民族文化的了解,培养良好的阅读习惯。

泛读教学实践一般按照以下步骤开展。

1. 猜题导入

在上对外汉语泛读课时,教师一般采用猜题的方式导入教学。因为大多教材文章题目都会给阅读者联想的空间,让阅读者对即将看到的内容有所推断。教师要抓住这个特点,让学生养成依据题目推测内容的习惯。例如,泛读课文《捡到钱包你怎么办?》,相信读到这个题目的人都会问自己这个问题,那么教师可以让学生先说说自己的答案,然后引导学生推测课文会怎么回答这个问题。

2. 生词教学

在泛读教学实践中也有生词教学。有的泛读教材会列一个简短的生词表,有的则不再单列生词。由于增加词汇量并不是泛读课教学的任务,因此,教师应当让学生"过"生词,而不是学生词。"过"生词的时候,学生有不懂的,教师拿出来简要讲解一下,学生大致理解意思即可,不用再进行生词练习。

3. 限时阅读课文

在扫清生词障碍后,就可以让学生正式阅读文章了。泛读的主要特点是阅读量大、速度快,因此教师应当要求学生限时阅读课文。有的泛读教材规定了阅读时间,如果教材没有限定时间,教师也要做出规定,到时即终止阅读,并要求立即回答有关的问题,强迫学生加快阅读速度。有些学生在初级阶段已经养成了逐字逐句细读的习惯,会很不适应,感到压力大,觉得没有读得很懂,甚至有抵触情绪。教师应明确告诉学生不需要每个字都读懂,只要抓住了大意和有用信息即可,并不是读得越慢理解得就越好。

限时阅读课文应遵循循序渐进原则,也就是所限时间有一个由长到短的过程。在学生每次阅读完后,都让他们记录自己所花费时间和阅读材料的长度(字数),通过一定的数据来反映自己的阅读速度。当然,阅读速度在一定程度上还是会影响理解程度,阅读得快,理解率一般较低。教师应当让学生注意保持阅读速度和理解率之间的适当平衡。如果学生在阅读速度提高的情况下,理解率没有下降,那么证明其阅读能力有所提高。

限时阅读课文的方式一般是无声默读。在此过程中要想有效实现泛读的目的,应当让学生掌握一些泛读技巧。以下三种比较常用。

(1)预测泛读内容

在泛读过程中,预测泛读的内容能够有效提高阅读速度。具体来说,预测是学生根据已读过的文章内容,或者是存在于头脑中的知识库存,一接触到阅读材料,就对下文的内容进行积极主动的预测。预测的具体方式有以下两种。

第一,根据篇章结构知识预测泛读内容。例如:

　　　西安的名胜古迹很多。城内有大雁塔、小雁塔、碑林、钟楼等,城外东线有世界第八大奇迹兵马俑,西线有乾陵、法门寺,再远一点的还有黄陵、华山。

很多文章都存在总分的篇章结构。上面这段文字也是这种结构。学生一读完"西安的名胜古迹很多"这句总的话语后,就能预测到下文大概要介绍西安名胜古迹的具体情况了。当读到"城内有大雁塔……"时,就可以预测到后边所列都是城内的名胜点,也可预测下文还会有"城外"的名胜介绍。同样看到"东线"这个词,就可预测还会有"西线""南线""北线"的介绍。作为对外汉语教师,应当在阅读教学实践中有意识地对学生进行抓主句、抓关键词的反复练习,逐渐培养起学生根据文章结构知识预测内容的能力。

第二,根据文化背景知识预测泛读内容。依然以上述材料为例,如果学生完全没有有关西安的文化背景知识,那么,这段文章中的"塔""碑""俑""陵"等都是生词,这些生词会构成阅读障碍。相反,如果学生在知识库中已经储存了有关西安的文化背景知识,那么这些生词都可以通过预期大致明白,如看到"兵马"可以推测出"兵马俑"是什么。

总的来说,预测是一种积极高效的阅读技能。它把阅读理解活动变成了预测—验证的过程,而不是对文章进行逐字逐句的辨识过程,这样既减轻了篇章信息获取的难度,也大大加快了阅读的速度。很显然,预测在泛读训练中非常重要。

(2)选择性阅读

训练限时阅读课文,仅仅培养学生的预测技能还不够,还要培养学生的选择性阅读技能。由于阅读材料中往往充满着大量的冗余信息,这些信息对主要内容的理解影响不大,完全可以跳过不读。跳过冗余信息,自然能够大大提高阅读速度。

(3)扩大视域,并减少眼睛的回视与停留

在对外汉语泛读教学中,有不少学生因受初级阶段逐字逐句阅读的习惯,视野十分狭窄,眼停次数多,还容易回头看。这不仅影响阅读速度,还会影响对文章内容的整体理解。因此,在泛读过程中,教师要注意多让学生按意群阅读,养成以词组、短语直至句子甚至多行为阅读单位进行阅读的习惯。

精读时,人的眼睛活动一般是横向的,泛读时应当要求眼睛进行纵向的活动。而人的视域是一个立体角,能够横向辨认一行字,也能够做到一目数行而在脑中得出一个整体印象。在泛读教学实践中,要注意训练学生的眼睛沿着书页的中心线由上向下垂直移动的阅读习惯。这就是扩大视域的训练。

除了扩大视域外,教师也要注意培养学生的专注力,提醒学生边读边理解边记忆,尽可能不要回头去重读已经读过的内容,同时减少眼睛在各个词语上的停留时间,而快速向前、向下移动。

4.理解练习

在限时阅读课文结束后,教师应当通过设置一定的练习,帮助学生理解文章与词语。当然,在泛读实践教学中,这种练习必然没有像精读教学实践中那样多。练习相对简单,但针对性较强。常见的练习有以下几种形式。

（1）理解问答练习

理解问答练习中的问题提得相对粗略,只要学生掌握了大意,抓住了关键信息即可,重在训练学生"略读"或"快速浏览"的能力。

（2）判断正误练习

判断正误是列出一些句子,有错的,也有对的,让学生判断。在这种练习中,既可以提较大的问题,也可以提细节性的问题,以检验学生对泛读文章的理解程度。

（3）选择正确答案练习

这是指教师先提出一个问题,写出几个答案,让学生选出其中正确的答案。这种练习方式主要是针对细节性的问题,或者词语的含义设置题目。其重在训练学生对文章的理解的能力与运用各种技能克服生词障碍,提高阅读速度和质量的能力。

二、不同阶段的阅读教学实践

学生的汉语水平往往会经历不同的阶段,一般分为初级阶段、中级阶段和高级阶段。不同的阶段,对外汉语阅读教学实践也存在一定的区别。

（一）初级阶段的阅读教学实践

1.教学目的

初级阶段的阅读教学目的就是汉语水平处在初级阶段的学生在阅读方面应达到的目标。这主要包括以下几个方面。

（1）学生能根据汉语拼音较为准确地读出汉字的读音。

（2）学生能借助词典阅读已学词汇占80%以上的文章。

（3）学生能准确概括出文章的意思。

（4）学生在没有词典的情况下，能克服非关键性文字障碍。

（5）学生理解已学词汇占90%以上的文章的主要内容。

（6）学生的阅读速度达到每分钟90～110字。

概括而言，初级阶段对外汉语阅读教学的目的主要是理解文章意思，学习阅读技能，扩大词汇量。

2. 教学内容

据调查显示，很多学习汉语的外国学生在初级的第二个学期开始时，掌握的汉字还十分有限，字词认读还是阅读中的一项主要内容。因此，初级阶段的阅读教学内容应当主要是认记汉字、积累词汇、句子理解。抓中心思想、找特定细节、进行判断推理等还为时尚早。

根据国家汉办编制的《国际汉语教学通用课程大纲》，在初级阅读教学实践中，教师所选择的阅读材料应当与学生的学习、生活联系较为密切，有一些人文方面的简单介绍。

3. 教学注意事项

（1）指导学生树立"阅读"意识

很多学生第一次上阅读课时，不太明白这一课型与其他一些课型有什么不同，上这一课程的目的是什么。教师应当向学生耐心说明，帮助学生树立"阅读"意识。

（2）培养学生正确的阅读习惯

学生在刚开始阅读文章时，对字典的依赖性往往非常大，阅读过程中总是对一些难点、生词非常较真。这样的阅读习惯很容易影响阅读速度，影响阅读的连贯性，还容易让学生产生厌烦之感。教师应提醒学生在阅读课上丢掉字典，通过一些猜测词义的技巧来保持阅读的连贯。此外，在进行阅读练习时，让学生养成先看练习题目，带着题目进行阅读的习惯。这种有目的的阅读往往好于漫无目的没有重点的阅读。

（3）注意消除学生的阅读焦虑感

对于很多汉语水平处于初级阶段的学生来说，让其阅读一篇完整的文章，往往会使其感到紧张、焦虑。因为他们对自己的阅读能力没有自信，也觉得阅读是一项非常难的活动。如果他们始终存在这种畏难情绪和焦虑感，则很难让阅读教学实践顺利进行下去，也会大大影响阅读教学效果。

对此，教师应当在教学中注意合理安排教学内容，时刻注意学生对不同教学内容的反应。例如，如果学生比较熟悉课文内容，教师可以安排学生多回答问题；如果学生不熟悉课文内容，教师应当多一些讲解，少一些提问，或者是重新选择难度较小的课文内容。

当然，消除学生的阅读焦虑感，教师的鼓励很重要。教师对学生的每一次进步都应当进行及时的表扬。

（二）中级阶段的阅读教学实践

1. 教学目的

中级阶段的阅读教学目的就是汉语水平处在中级阶段的学生在阅读方面应达到的目标。这主要包括以下几个方面。

（1）学生能基本读懂一般性科普文章、一定工作范围内的应用文、基础课程教材、新闻报道等。

（2）学生具有了解大意，快速查找信息，吸收新词语的能力。

（3）学生的阅读速度达到每分钟 120 ~ 150 字。

2. 教学内容

根据国际汉语教学大纲，在中级阶段的阅读教学实践中，教学内容应当包括以下几个方面。

（1）培养学生掌握生字、生词的能力。

（2）培养学生掌握阅读长句、难句的技能。

（3）培养学生把握段落主旨、概括段落内容的能力。

（4）培养学生掌握理解文章主题思想的能力。

（5）适当讲解各种阅读方法和阅读技巧。

（6）介绍文章的写作背景、文体知识、写作技巧、文化知识等与作品有关的基本知识。

对中级阶段的学生来说,在阅读教学中需要阅读的材料应当是各种体裁、题材、风格的文章,文章内容较为广泛,涉及政治、经济、历史、科技等诸多方面。

3. 注意教学实践中的理解性偏误

在中级阶段,学生在对外汉语阅读教学的实践中最需要注意的事项就是避免出现理解性偏误。以下是几种常见的理解性偏误及预防方法。

（1）推断制约因素导致的理解性偏误

在中级阶段的对外汉语阅读教学中,会涉及需要推断的内容,这类内容在阅读文章中很难找到直接的根据,需要读者去感受、推测。但学生在面对这类问题时,通常会受到一些因素的制约,如作者的语气态度情感、文章的风格、某些文字的言外之意等,从而出现理解偏误。为了避免学生出现这种理解偏误,教师应当帮助学生去把握作者的语气态度,把握文章的风格,提醒学生不要以自己的观点态度代替作者的观点态度;通过寻找文章中能够传达言外之意的词或标点符号帮助学生理解言外之意。

（2）忽略或跳过关键词导致的理解偏误

中级阶段的学生在理解阅读文章时,有时候为了追求阅读速度会跳过或忽略某些关键词,结果导致理解偏误。对于这类理解偏误,在阅读教学实践中应提醒学生注意课文或题目中出现的一些词语,不确定时重读原文相关的地方,看自己是否跳过或忽略了这些词语。当然,在学生阅读之前,教师也可以专门点出文章的关键词语,这样学生就不容易忽略了。

（3）不理解一些熟语和惯用语等导致的理解性偏误

在中级阶段,学生的汉语语言知识还是较为缺乏的,尤其是对一些熟语和惯用语不太理解,这容易使其在阅读中出现理解性偏误。这类理解性偏误一般难以避免,教师可指导学生通过结合上下文来理解阅读材料中出现的熟语、惯用语等。当然,最好是让学生在平时多掌握这方面的知识。

（4）猜词线索干扰导致的理解性偏误

在中级阶段的对外汉语阅读教学实践中,教师经常会让学生猜测词义,但是阅读材料中会有一些线索会干扰学生猜词,从而使学生产生理解性偏误。教师应当要求学生注意过于相似的内容,通过上下文的语境,检验自己的猜测是否正确。

（5）句子相似或结构关系复杂导致的理解性偏误

在阅读材料中,有些句子在语法结构或词句上相似,或者语句之间的关系复杂,容易误导学生产生理解性偏误。因此,在中级阶段的对外汉语阅读教学实践中,教师在讲解时应注意区分这些相似结构,并适时为学生总结类似的表达方式,以帮助学生更好地理解掌握。另外,在教学实践中,还应注意对这些内容多练习、多巩固。

（6）文化差异导致的理解性偏误

文化差异对于对外汉语学生来说很常见,在阅读中,如果不能很好地处理文化差异问题,就会导致理解性偏误。因此,为了避免文化差异导致的理解偏差,教师应注意在平时多向学生讲解中国传统文化,让他们在提高语言知识的同时提高文化知识。

（三）高级阶段的阅读教学实践

1. 教学目的

高级阶段的阅读教学目的就是汉语水平处在高级阶段的学生在阅读方面应达到的目标。这主要包括以下几个方面。

（1）学生能够顺利读懂词汇、汉字和语法在高级阶段目标要求范围内的书面材料。

（2）学生能够快速阅读与课文的难易程度相当的各类文章,

且能够在文章中快速查找关键信息、概括文章大意、提炼文章主题。

（3）学生能够阅读含生词3%以内、文言词语2%以内、语句和内容较复杂的原文，且能够抓住原文的主要内容和重要细节。

（4）学生能够借助工具书独立扫除阅读过程中的语言和社会文化知识方面的障碍，读懂一定专业范围内的工作文件（如业务信函、合同、协议书、契约、报告等）。

（5）学生的阅读速度达到每分钟150字，正确理解率达到80%以上；快速阅读速度达到每分钟180字。

（6）学生的综合阅读水平能够满足较高层次的学习、社交活动和一定的专业工作对阅读能力的需要。

2. 教学内容

（1）进行一定数量的汉语原著阅读，以继续训练和提高学生的阅读技能。

（2）选择语言风格差别较大的阅读材料，以提高学生的对外汉语阅读能力。这些阅读材料的语言风格应有俗有雅，有口语体的，也有书面语体的，有日常语体的，也有正式公文、新闻或科技语体的。

（3）通过更多的阅读实践，继续训练学生快速阅读和查找信息的能力，跳读、猜读、概括要点、提炼主题的能力。在训练学生的阅读技巧的同时，注重帮助学生了解更多的汉语文化知识。

（4）在阅读材料的选择上，注重题材的广泛性，以便提高学生的汉语阅读能力，增加学生的汉语文化知识。这些题材可涉及日常生活、社会关系、工作、家庭、婚姻、人口、青少年、老人、就业、文教、法律、政治、宗教、外交、经济、贸易、环境、科技等。

3. 注意教学实践中的文化障碍

在高级阶段的阅读教学实践中，学生一般都熟悉了汉语拼音，掌握了常用的汉字和基本的语法规则，词汇量也大大增加，日常阅读已不成问题，因此已经具备了进入高一层次学习汉语的基础。在高一层次的汉语言学习中,他们大多不再遇到语音、汉字、语法、词汇的障碍,但是会遇到跨文化诠释的障碍。这种障碍会使学生虽然认识文章中的大部分或者所有的汉字,也基本不存在语法问题,几乎明白每一个词的基本词义,但就是搞不清文章的意思。这对学习汉语的外国学生来说就像一道无形的门槛,难以跨越。

因此,在高级阶段的对外汉语阅读教学中,教师应通过各种不同题材的阅读材料引导学生,让他们用自己已经学习到的汉语语言知识和文化知识,去推测一些语言后面的深层含义;让他们从自己母语的现象与精神世界中进入汉语的现象与精神世界中,真正提高自身的汉语阅读水平。

第三节　对外汉语阅读能力的训练途径

对外汉语阅读教学主要以提高对外汉语学生的阅读能力,进而提高其汉语语言水平为根本目的。因此,对外汉语教师一定要注重多开展一些提高对外汉语阅读能力的训练。由于阅读理解能力和阅读速度是最能显示阅读能力的两个方面,因此本节主要对提高阅读理解能力的训练途径和提高阅读速度的训练途径进行一定的阐述。

一、提高阅读理解能力的训练途径

在阅读教学的初级阶段,应较多地重视阅读理解,随着学生阅读理解水平的提高应及时地加快阅读速度。培养阅读技能的最终目标是快速阅读。理解与速度是辩证的,处理好这一对矛盾将贯穿阅读的全过程。下面介绍一些提高学生阅读理解能力的训练方法。

（一）问答练习

这是指在学生阅读文本之后,回答教师事先或读后提出的问题。这种问答练习可以口头做,与说结合起来;也可以用笔做,与写结合起来。这种练习不仅能够检查学生的理解情况,也能够很好地提高学生的阅读理解能力。以《我记忆中的两个女孩》为例,在让学生阅读之前,教师先提出几个框架性的问题,如故事中的主要人物有几个? 故事中重要人物的身份是什么? 故事在何时发生? 故事的结局如何? 接着根据学生的总体情况限定学生的阅读时间,让其精读文章。学生读完后回答上面一些问题。

回答上述问题只是问答练习中的第一步。第二步需要教师向学生提问一些隐性的问题。例如:"我"对两个女孩的感觉分别是怎么样的? 经历了两个故事后,"我"的态度发生了什么变化? 学生回答这些问题时可以重读相关段落。第三步需要教师向学生问一些关于语句理解和内容理解的细节问题。例如:第一个女孩为什么每次见到"我",都低着头,静静走过? "心里那股酸劲儿就别提了"是一种什么样的心情?"酸劲儿"是什么意思?

上述问答完成后,教师可以向学生提问他们对文章的整体理解和他们的感受,也可以让学生根据自己的理解和感受对文中没有提到的原因、细节、事件的发展等进行补充。

（二）选择正确答案

这是指教师对于某个问题给多种答案,其中有一个是正确的(也可以有两个是正确的),要求学生在阅读文章之后,根据自己对文章的理解,选择其中正确的答案。这种练习既可以是针对某个字、词、短语或句子的意思的理解,也可以是针对段落、整篇文章的内容的理解。对于一些难句中的词语,既有字面义,又有特定义(在特定语境中的语义),教师完全可以将这个句子挑出来,给出几种解释,只有一个解释符合文章的意思,让学生根据自己的理解进行选择。例如：

"不管工厂也好，街道也好，有事找她准没错。"

这句话的意思是：

（1）有事去工厂或街道一定能找到她。

（2）工厂和街道有事一定要找她。

（3）无论是工厂还是街道有事找她帮忙，她一定会高兴地答应。

以上三种理解，只有第三种是正确的。

（三）判断正误

这是指教师给出若干（约 10 ~ 20 个）与课文相关的推断，由学生判断是否正确。这些推断有的与阅读材料的内容相符，有的与阅读材料的内容近似但不符，有的与阅读材料的内容相悖谬，有的前半句与课文的某个情节相吻合但后半句又与阅读材料的情节相矛盾。这些推断混在一起，扑朔迷离，教师让学生根据自己对课文阅读的理解来判断这些句子的正确和错误，可以很好地检查学生的理解程度和锻炼学生的理解能力。

例如，阅读课文《小刘和老刘》，做以下几个判断题。

（1）房东跟小刘同姓，住在隔壁。

（2）老刘对小刘谈恋爱不满意。

（3）老刘希望小刘搬家，因为小刘乱扔垃圾。

这三个句子与文章内容都有关系。第一个句子的前半句与文章内容相符，但后半句不对，老刘住在楼下，小刘住在楼上，并不是隔壁。因此，第一句不正确，学生要根据课文的描述做出判断。第二个句子中，根据课文内容，老刘确实对小刘谈恋爱这件事有不满意的态度，但是并不是因为小刘谈恋爱而对他不满意。这个句子恰好反映了这样一个因果关系，所以也不正确。第三个句子，前半句与文章的意思相符，后半句则不符合，因为小刘乱扔的不是"垃圾"而是"鞋子"。

（四）选词填空

这是指在一段课文中,抽出一些词语造成空白,然后每一个空白给出两个以上可供选择的词语,让学生根据自己对文章的理解,选择恰当的词语填上。这种练习是直接在阅读文本上进行的理解练习。出题时,有些是根据学生的语言水平,以固定的长度挖空,即每隔多少个词挖一个空;有些则是只挖某一类词语,如只挖关联词语,训练学生对句子间逻辑关系的理解。

（五）总结阅读材料的中心思想

这是指在学生阅读完一段话或一篇文章后,让其用一两句话对所读材料的中心思想进行总结。一段话或是一篇文章的中心思想往往从一些中心语句中体现出来。因此,为了提高学生的阅读理解能力,教师应当引导学生在做这类练习的时候,注重寻找表达文章中心思想的中心语句。例如,下面一段话:

> 父母是孩子的第一任老师,家庭教育对孩子的成长有重要作用。我们只有一个孩子,从小时候起,我们就注意对他进行教育。我们平时很忙,但学习、工作、读书看报、体育锻炼安排得比较好。这对孩子影响很大,孩子上学后,也注意处理学习和玩的关系。

这段话的第一句话就是中心语句。其余部分都是为了说明第一句话的。因此,让学生总结这段话的中心思想,就应当让其先抓住第一句话,这样整段话的中心思想也就明了了。这样的练习不仅能够帮助学生提高阅读理解能力,而且能够在自然而然中提高阅读速度。

（六）概述阅读材料

这是一种把读和说结合起来训练阅读理解能力的方法。学生阅读完一些具有故事情节的文章,进行概述时,既可以用第三人称概述,也可以用第一人称概述。用第一人称概述主要是让学生以故事中某一人物的身份进行概述。概述往往是在学生充分把握阅读材料的内容的情况下进行的,这对学生的理解能力要求较高。因此,经常进行这种练习,有益于提高学生的阅读理解能力。

（七）讨论材料中的某些问题

在对外汉语阅读教学中,讨论这种课堂活动形式往往不常用。但是,在学生阅读完材料之后,让其讨论材料中的某些问题,有助于加深学生对阅读材料的理解,有助于提高课堂的趣味性。因此,讨论的方式也可以选择。

在讨论的过程中,教师可针对阅读材料提出一些问题,让学生进行讨论。面对同一问题,学生往往有不同的看法和意见,教师应鼓励大家各抒己见,之后教师对他们的看法和意见进行适当的点评。

二、提高阅读速度的训练途径

阅读速度也是对外汉语阅读能力的一个重要体现。如果学生的阅读速度快,理解的准确率高,那么就证明其阅读能力高。如果学生花费很长的时间才理解阅读材料,那么其阅读能力还是有待提高的。很显然,阅读速度的训练是阅读能力培养的一个重要的、不可忽视的方面。在对外汉语阅读教学中,教师应当通过一些有效训练途径,来提高学生的阅读速度。

（一）猜测词义训练

外国学生在阅读汉语文章的过程中,难免遇到不懂的字、词、成语等。如果遇到不懂的字、词、成语等就查词典,对词典产生依赖心理,就很难提高自己快速阅读的能力。其实,有些文章并不是非要字字句句都弄懂不可。如果学生能够掌握一定的猜测词义的能力,在阅读时就可以充分调动自己已有的语法和词汇知识,提高阅读速度。

以下几种都是常用的猜测词义训练的方法。

1. 根据上下文猜测词义

这是指利用上下文提供的线索来猜测词语的大概意思。例如:

　　每次坐飞机,他总是提心吊胆的,害怕会出事儿。

在这个句子中,可以通过下文的"害怕",大致猜出"提心吊胆"的意思。

再如:

　　别人都喜欢微型收录机,可他却偏喜欢大的。

在这个句子中,通过后半句中的转折词"可""却"以及"大的",就可以猜出"微型"的意思。

2. 根据相邻的词猜测词义

例如,下面这句话:

　　这时候,传来了一阵敲门声,我连忙站起来去开门。

在这句话中,学生没学过"敲"字。这时应引导学生注意后面的"门声"和下边的"开门",来猜测"敲"的词义。

3. 利用已知的语法猜测词义

学生在语法课上已经学习了一些语法知识,如知道了"是"字句表示判断,"有"字句表示领有和存在,"比"字句表示比较,"把"字句表示处置,"被"字句表示被动,以及像"动词 + 不 + 补"结构表示"不能 + 动 + 补语"等。那么,在阅读过程中遇到这类句式时,就应当指导学生利用自己已知的语法知识,从大的方面找寻思考理解的方向,猜测句子的大概意思。

4. 根据构词法来猜测词义

汉语合成词的构成主要有两种方式,一种是由词根和词缀或类词缀组合而成,另一种是由词根和词根组合而成。前者组成的词是派生词,后者组成的词是复合词。教师应当让学生多了解和掌握合成词的构成方式,因为其不仅能够帮助学生扩大词汇量,还能够帮助学生在阅读过程中猜测词义。

例如,汉语中的"子、儿、头、家、员、师、者、手、人"等都是一些构词成分,可以将它们看作名词的标志。如果组成新词的汉字都学过,可以根据构词法来猜测推想新词的词义。例如,"证人"。"证"是"证明"的意思,由此可以推想"证人"大概是"作证明的人"。再如,遇到"思想""选择"这类词时,根据复合词的相关知识就可以猜出"思"就是"想","选"就是"择"。

（二）扩大阅读单位训练

在开始阅读一种外语的书面材料时,学生大都习惯于一个词一个词(拼音文字)或一个字一个字(如汉字)地读。如果学习者总是局限在这些小的阅读单位上进行阅读,往往很难提高阅读速度。为了提高学习者的阅读速度,应该帮助他们扩大阅读单位,也就是说在阅读过程中不再一眼一个汉字或是一个词语,而是一眼一组词语或是一个句子,熟练之后还可以一眼几行文字。扩大阅读单位后,阅读的速度自然就快了。在对外汉语阅读教学中,教师可让学生做以下一些扩大阅读单位的训练,来提高他们的阅读速度。

1. 叠宝塔

叠宝塔,是指把阅读材料印成宝塔形,逐行加宽,使学生读时一行一顿,不断扩大学生的阅读单位,逐步摆脱一词一停顿的习惯。例如:

今年
春节那天
上海的三个最大的
图书馆里,每天都挤满了人
春节
是中国最重要的
传统节日。那几天,人们通常

都在家里休息、聊天、打扑克,或者

走走亲戚

看看朋友,还要

大吃大喝一通,但是

这些年轻人却更渴望知识

他们多数是业余大学的大学生

2. "开窗口"

"开窗口",是指用一张卡片,在上面挖一个长方形的孔,盖在一组词上,然后将卡片由上而下逐行迅速移动,阅读孔里显露出词组,读完一组词后,接着回答问题,检查阅读效果。例如,让学生用这种方法阅读下列句子:

昨天是星期天。

我打网球了。

我去商店买了一些东西。

下午我睡觉了,睡了两个钟点。

晚上我跟朋友一起吃饭。

吃完晚饭我看录像。

十点钟洗完澡就睡觉了。

等学生阅读完后,可向学生提问文中的"我"昨天所做的事。

3. 划线隔开意群

划线隔开意群,是指把阅读材料按意群划上斜线或竖线,将意群隔开来,让学生阅读时一眼读一格,迅速读完材料。在进行这一训练时,教师一定要对现有的阅读材料做一些技术处理。例如:

我辅导的 / 那个孩子 / 叫袁粒,/ 小学五年级学生。他的爸爸 / 是当时 / 中国国家女子排球队的 / 教练袁伟民。/ 当我以一个家庭教师的身份 / 来到他家的时候,/ 袁伟民带领的 / 中国女排 / 正忙于奥运会前的 / 准备工作,很少回家。/ 袁粒的妈妈 / 工作也很忙,/ 每天 / 早出晚归顾不上 / 家里的事。/ 让袁粒过好

暑假，／同时在学习上／也有提高，／我想／这就是／
我这个教师的任务吧。

开展扩大阅读单位的训练时，教师和学生应注意以下几点。

第一，选择与学生的阅读水平相符合的阅读材料，一般要偏容易一点，要能够引起学生的阅读兴趣。

第二，阅读速度要遵循在理解的基础上求快的原则。速度太快，学生往往难以理解；速度太慢，难以达到提高阅读速度的训练目的。

第三，学生在阅读过程中一定要精神集中，减少停留和返回重读的次数。

（三）抓关键词训练

在阅读过程中，通过寻找文章的关键词语，也能够帮助学生快速理解内容，提高阅读速度。在任何一个句子、段落、文章中，总有一些词是关键的。有些关键词的重复率高，学生一定要多加注意，抓住这些关键词快速阅读。

例如，在一篇题为"鸟儿到哪儿去了"的文章里，翻来覆去讲的是鸟，那么抓住了"鸟"这个关键词，就可以对文章内容进行逐步推想：作者为什么提出这个问题，那么再看到"环境污染"，就联想到这一篇文章大概是谈环境保护或生态平衡的。

此外，一些关联词语也是文章的关键词语。因为在文章中，句子与句子之间的各种逻辑关系常常通过关联词语表现出来，这些词语常常给学生理解提供线索。如果学生能够抓住这些关联词语，就能帮助自己快速理解内容，从而快速阅读。

（四）跳越障碍训练

跳越障碍，是指在阅读过程中，跳过一些无关紧要的陌生词语，也能够帮助学生提高阅读速度。很多外国学生在阅读汉语文章时，遇到难词或难句，就想问老师或查词典。这很容易让自己的阅读速度变慢,教师应当给他们限定阅读时间,同时告诉他们遇到一时不懂的词语要跳过去,一个词第一次见到不懂,第二次、第三次见到可能就懂了,有的词到最后还是不懂也没有关系,只要读懂文章的大概意思和主要观点就可以了。

一般来说,跳越障碍训练应和猜测词义结合起来进行,这样往往能够取得更好的效果。

第七章　新时期对外汉语写作教学研究

一般而言，人们学习语言时的"说"是最普遍的行为，也较为容易习得，而"写"却未必每个人都会使用，它对词汇、语法、语体等方面都有较高的要求和标准性。"说"通过声音、重音、停顿以及身体姿态来表达人的想法，而"写"只能依靠写下的话语来表达思想。"写"需要较强的逻辑性，句式复杂，写作是探索语言运用方式的过程。对外汉语写作教学是对外汉语教学中重要的一部分，难度也最大，其目的就是要培养学生利用汉语进行书面表达的能力。以下就对外汉语写作教学的任务与原则、对外汉语写作教学实践、对外汉语写作能力的训练途径[①]进行探讨。

第一节　对外汉语写作教学的任务与原则

对外汉语写作教学的任务主要决定于学生写作时遇到的问题，这些问题应该具有普遍性、代表性，如词不达意、语法不正确、词语搭配不当，句子与句子之间的连接不符合汉语的习惯等。因此对外汉语写作教学总的任务就是应该通过写作训练使得学生在语言上达到或者接近母语写作的水平。为此，对外汉语写作教学还需遵循一定的原则。

[①]　本书所说的对外汉语写作能力训练途径主要针对的是已经有了一定汉语基础的外国人，其能够按照汉语的思维逻辑，写出汉字规范、合乎语法、合乎汉语表达方式、合乎汉语文体的篇章。"一定的汉语基础"一般是指学过汉语的基本语法，至少掌握了 1 000 个以上的汉语词汇。

一、对外汉语写作教学的任务

对外汉语教学对象多为成年人,他们在母语写作方面已经具备了各项能力,如思维能力、表达能力等,对外汉语写作教学的基本任务就是让他们的母语写作能力和汉语写作水平、思维水平相互协调,训练他们运用汉语自如地传情达意。具体而言,对外汉语写作教学的任务主要是传授写作知识和训练写作技能,而又以训练写作技能、提高写作能力为主。

(一)传授写作知识

写作知识既包括基本的语言知识,如标点符号、书写格式、文体、修辞等,也包括文章表达方式的知识,如叙述、描写、抒情、议论和说明等。这些知识的获得一方面要依赖于其他课程的学习和平时的积累,另一方面要通过写作教学时教师的集中讲解。写作知识的学习不应占课时太多,主要是引导学生在旧知识的基础上建立新知识,为下一步的写作实践做必要的准备。

在传授写作知识的时候,应该要注意实用性,要注意教给学生其他课上学不到的有关写作方面的知识,解决其他课型没有解决的问题;要注重解释词语、句式的语义,归纳语用规律。

(二)训练写作技能

对外汉语写作教学的重要任务就是对学生进行技能的训练,其内容主要包括以下几个方面。

第一,如何遣词造句表达某个既定的意思。

第二,根据表达功能的需要选取恰当句式。

第三,句群、语段的连贯和衔接。

第四,各种文体的习作。

第五,培养学生具有借鉴和监控的能力。所谓借鉴是参考和运用母语的写作知识,模仿和运用目的语范文的写作方法。所谓监控,就是运用母语和目的语有关的语言知识和写作知识作为习作的规范,自觉地修改、润饰自己的作文。

参照国家对外汉语教学领导小组办公室制订的汉语水平等级标准《汉语水平等级标准与语法等级大纲》,表7-1列举了训练写作技能的阶段标准。

表7-1　写作能力阶段标准

汉语水平	写作能力
初—中级等级标准: 1～2级	(1)两学时内完成字数600字以上的记叙文,语句基本通顺,表达基本清楚 (2)能写简单应用文,如便条、请假条、启事、通知、普通书信等
中—高级等级标准: 3～4级	(1)两学时内完成800字以上的命题作文 (2)能够撰写一般性文章(说明文、读后感、小论文)和普通应用文(申请、简历、实习报告),意思表达明确,语言运用基本得体
高级等级标准:4～5级	(1)两学时内能完成800字以上命题作文,语句通顺,词语运用准确丰富,句式有变化 (2)能撰写一般性文章(记叙文、议论文、说明文、课堂笔记等),语句通顺、说理清楚、说明描述准确 (3)能写各种带有专业性质的文件(公文、信函、合同等),格式正确,语言表达得体 (4)能撰写3 000～5 000字论文(学年论文、毕业论文),能充分表达自己的思想观点,做到论点明确,论证有逻辑性,语言表达得体

任何一种语言技能都需经过反复的练习才能真正掌握。写作技能难度较高,更需要及时、不断、反复地练习。本着讲练结合的原则,应该在课堂上练习写作。

（三）教学主要阶段的教学任务及具体的教学项目

对外汉语写作教学可大致分为三个阶段。

第一个阶段是专门的写作训练的初级阶段。在这个阶段的初期,学生对汉语基础语法的轮廓有所了解,但语言表达上还缺乏实践运用的基础。因此,这个阶段的教学任务是帮助学生把学到的语法词汇等方面的汉语知识导入书面表达中,引导他们应用目的语表达思维。教学内容的安排上往往以语言结构的训练为侧重点,在形式上则主要是从句子层次的表达过渡到语段、语篇表达。以语言结构形式的运用为主线,但也注重将各类文体协调安排。到这个阶段的后期,教学应该要求学生写比较完整的语篇。文体主要控制在简单记叙文、小应用文的范围内。

第二阶段的学生汉语水平为 HSK 中级。第一阶段的教学已经完成了造句到语段、语篇表达的过渡,学生也已经有了一定的文体写作基础。因此第二个阶段要丰富学生的各种语篇类型写作的经验,要让学生把握文体和语言风格,要注重文体与语言形式综合训练。教学安排的主线应该是各种语篇表达形式,如记叙、描写、议论、说明等,以及一些基本的功能项目,如比较事物、进行对照等。设置教学内容应以文体作为主要训练框架,并要更加注意写作任务的交际价值。这个阶段的语言运用逐步脱离了一般的程序,而应更加关注一些特殊句型在语篇表达中的选择运用,以及一些汉语的连接成分的掌握运用。教学安排加入各种语篇类型的文章写作,教学项目基本覆盖一般的各种文体。

第三阶段正逐渐向专业、学术等高级写作过渡。这个阶段的教学任务是教会学生怎样用得体的方式来进行比较高层次的表达,解决语言表达从内容到书面形式的协调与得体的问题。教学内容涉及专业文章的写法,教学中要注重传授写作相关知识和文化背景知识,要指导学生丰富目的文化知识并体现在书面表达中。

针对各个层次的教学内容,这里列举一些可以在课堂上或课后使用的教学或训练项目(表 7-2)。各项目之间没有严格的等级次序,在实际教学中,同一类型的项目可以以不同的等级水平设置成不同的难度,具体要根据教师的要求,以及学生的语言能力而定。

表7-2　对外汉语教学各阶段的教学项目

写作教学形式及适用等级	题目、题材范围	语言运用提示
初级： 听后写	寓言，成语故事	（1）汉语句子结构：主要成分语序等 （2）句子之间的连接：按时间顺序连接，事情发展顺序衔接等，例如：以前，不久前，接下来，原先，过了不久，毕业以后等
初级： 看系列画写故事	幽默故事	
初级： 组句成段	小故事、小笑话	
初级： 组段成篇	结构比较完整的短文	
初级： 语段 短文	梦，小故事 自己的生活片段：起床、讨价还价、找借口、等电话、寄信	
初级： 简单应用文	请假条	了解应用文的格式和语言特点。量词的运用
	便条	
	填表（申请表，包裹单等）	
	各类启事	
	海报	
初级—中级： 记叙文： 口头作文——书面表达	我和读书／写作／网球（等个人爱好）	句子之间的衔接，按时间顺序叙事，表示时间以及时间转换词语的运用，如含时量补语的句型
	难忘的一件事／后悔的事	
	到校第一天／生日	
	愉快的旅行	
初级—中级： 说明文： 环境处所的描述等简单的说明	我的宿舍／我的校园／家乡的四季	（1）学习运用一些存现句等描写环境的句型 （2）学习一些空间转换变化的语句。例如：从东边进门，可以看见……；绕过花园，就到了
	熟悉的一条街／一家商店	
	喜欢的一座博物馆／一个公园	
	家乡导游／北京一日游	

写作教学形式及适用等级	题目、题材范围	语言运用提示
中级—高级： 说明与描述： 对过程的说明	介绍一种本国风俗／本国传统节日	（1）清楚地交代某个过程，使用一些表示列举和次第的连接成分。例如：首先，然后，……以后，……就……，第一，最后等 （2）运用一些特殊句型，如"把"字句、被动句
	一种菜的做法／便捷的购物方式	
	如何申请签证／租房	
	某种运动或游戏的规则（太极拳、相扑、网球、跆拳道、橄榄球等）	
	本国的入学／办理签证／订阅报刊／办理银行账号等的过程	
中级—高级： 说明文	介绍一本书	指代、省略等语篇连接方式的训练
	介绍一首歌	
	介绍一篇好文章	
	介绍喜欢的课程	
中级—高级： 记叙文： 写人	我的朋友／亲人／老师（自己周围现实生活中的人）	（1）描写人物外貌、性格的词语。例如：浓眉大眼、温柔、开朗等 （2）用存现句描写人物神态、衣着、举止。例如：上身穿着、脸上带着微笑等 （3）表示职业生平的词语：长期从事……；毕生为……尽力等 （4）描述人物动作的句型，连动句
	我喜欢的公众人物（歌星、影星、运动员、作家、历史人物……）	
	我最佩服的一个人	
	某个名人的生平简介	
中级： 一般书信： 描写 叙事 抒情	给亲人、朋友的信，介绍自己的学习生活、旅游见闻；写信安慰遇到困难和烦恼的人；写信问候生病的亲友；写信祝贺学习、事业取得成功	（1）书信格式 （2）常用书信语言（问候、祝愿等）

写作教学形式及适用等级	题目、题材范围	语言运用提示
中级—高级： 记叙文： 记叙、抒情、议论结合	难忘的学习经历	（1）表达内心感受的词语 （2）各种补语 （3）复杂句式，如带程度补语、情态补语的句型 （4）表达真相的连接成分：其实，实际上，说句心里话，不瞒你说等
	打工记	
	旅途经历	
	生活经历与感悟	
中级—高级： 翻译介绍	文学作品（诗歌、歌词、散文、小说等）	与母语对照比较明显的句型，如被动句，趋向补语、介词结构，"把"字句等
	报刊文章（社会新闻、广告等）	
中级—高级： 摘要、概述、评论等	小说内容简介	（1）以"是……的"强调时间、地点、方式等的句型 （2）常用的表示追述过去事情的语句，如：事情发生在……，本世纪初 （3）直接引语和间接引语的表示。例如：拿……的话说，正如……所指出的……，……曾经说过……
	电影故事／戏剧故事	
	读后感、观后感	
	书评	
	报刊要闻	
	历史或现实事件	
中级—高级： 议论文： 根据提供的材料或事实发表看法	看书报还是看电视	（1）表示比较的各类句型：A比B……／A没有B那么……／A比B更（还）……等 （2）表示强调的句型："是……的" （3）表示对比的连接成分：相比之下，与此相比，与此相反，反之等
	家庭代沟问题	
	择偶观或求职观	
	对东西方文化的认识	
	谈互联网	
中级—高级： 说明文： 陈述事实、状况和发表议论结合	中国的交通／环境	数据的表达，如表示概数、百分比、递增、递减等的用语。被动句（不指出施事的）
	我国的教育体制	
	我国的医疗体制	
	我国的新闻媒体	

续表

写作教学形式及适用等级	题目、题材范围	语言运用提示
高级： 小型社会调查报告	中国成人教育的调查 北京农贸市场管理调查 留学生学习汉语目的调查 我国的／中国的残疾人生活 就业状况／社会治安状况 大学生使用互联网的调查	（1）设计问卷调查表 （2）调查统计的结果的表达：据统计……，数据表明……调查对象包括…… （3）因果复句、假设复句 （4）表示原因、结果的连接成分：终于，果然，因而，结果，所以等
高级： 议论文： 对社会问题、大学生活的议论、评价	中国的未来 世界范围的就业问题 毒品的危害 网络时代的人际交流 经济发展与社会文明 当代大学生职业选择趋势	（1）反问、设问等修辞手法的运用 （2）常用论证方法的语言表达（如引用、驳斥、列举事实） （3）表示推论、归纳的连接成分：由此可见，毫无疑问，这说明，这意味着，综上所述等
高级： 说明文	介绍一种人类活动或文化传统的发展过程：烟草、茶叶、戏剧表演	（1）被动句 （2）省略、指代的运用 （3）表示举例、补充、推论的连接成分：以……为例，顺便提一下，另外，显然，不用说，可以肯定
高级： 应用文	广告 合同 事务信函	（1）常用的广告语言 （2）公文的基本格式 （3）合同常用词语句式：甲方、乙方，贵公司，责任人等 （4）表示列举的词语
高级： 论文： 毕业论文，学年论文	英语和汉语的被动句 汉语和韩语的同形词语的比较 汉语和日语四字格的比较 留学生汉语学习目的分析 加入WTO对中国教育的影响 中国的外企对国企的影响	（1）论文格式（提要与正文，参考文献的列举） （2）举例、对比、推论、总结等语义关系的连接成分：例如、比如说、同样、对比而言、相形之下、相反等

二、对外汉语写作教学的原则

在对外汉语写作教学中,课程规划和教学实践遵循的原则有所不同。

（一）对外汉语写作教学课程规划应遵循的原则

在对外汉语写作教学课程规划中,要准确把握教学的目标、训练的层次,使各个教学阶段与整个学习过程相协调,需要遵循一定的原则,这主要包括以下几点。

1. 基本训练与语篇训练结合

在对外汉语的写作课程中,语篇表达是其最终的目标。在通常情况下,学生在掌握了一定的汉字书写、词汇运用、造句等基础的写作教学后,开始进入语段表达训练阶段,并最终进入语篇表达训练阶段。在这个过程中,教师应以语段为写作教学的起点形式,而把提高语篇表达能力作为教学的目标。在写作教学中,汉字书写、词语、基本句型等的训练,与在其他课型的单项训练不同,应置于语段、语篇表达的框架中。写作教学要根据学生词汇、语法等综合语言能力,提供适合的语篇材料作为参考,安排语篇表达训练项目,如某个专题、某种题材或体裁的写作。让学生在语篇表达中注重语言形式的训练,更正语法、词语运用的偏误,拓展自己的语言运用能力,进而完善自己的语篇表达能力。

在写作教学中,教师还要超越句子层次的训练内容和方式,将基础性的项目循序渐进地安排在语篇层次中。如具体教学项目中,可以以语篇写作任务为中心设置一个小循环,在一两次课的过程中,导入一些词语选择、语法运用、连接成分的运用等训练,并将这些训练内容放在语段层次,以逐步向语篇写作任务引导。

2. 单项练习与综合表达结合

在对外汉语写作教学实践中,教师在进行课程规划时,不但要对学生进行单项练习,还要结合综合表达练习。

学生开始学习写作时,对一些基础语言知识还没有牢固掌握,有的只是在理解的层次上掌握,并不能准确、得体地运用。所以在教学过程中,应该指导学生逐步获得写作应具备的各种知识和能力。这就需要在各个单元章进行有针对性的单项训练。单元教学内容的安排往往是一两个语言形式,或表达项目的训练,可以是句型,也可以是某个关联词语,或语篇连接成分,或某种写作形式。比如安排学生学习正确使用标点符号,了解汉语句子的主要成分和一般语序,量词的运用,掌握书信格式等。这种单项训练是写作教学过程的必要步骤,对某些语言现象、某种表达功能项目的细致讲解和强化练习,可以使得学生真正扎实地完成掌握语言知识到具备语言运用能力的转化。

教师在设置单项训练的同时,还应把各个单项练习项目和总体的教学目标联系起来,最终为语篇表达服务。单项训练可以确定当前要解决的主要问题,但在实际写作教学中,各个项目之间,或单项与总体目标之间是互相联系的。所以制订教学计划,要时刻关注到写作中综合表达的状态。教学中既要突出重点,同时要考虑一些密切相关的因素,在关注重点项目的同时,对综合表达中的语言运用、表达形式等项目随时给予提示,以避免忽略课程的总体目标。

3. 阶段重点与总体目标结合

在课程规划的教学总进程上,教师还应该把握阶段重点项目和总体教学目标的关系。这里所说的阶段目标是指学生在某个水平阶段集中训练的内容。写作教学涉及的内容不是简单的阶梯式的、线性的,它还是平行的或交叉的。写作教学的起点形式上是语段、语篇表达,但写作教学的总体设计始终应以篇章层次为教学训练的核心。各种文体及表达功能项目是教学的一个基本单位。对不同语言水平的教学对象,选择文体以及表达的功能项目应有不同的侧重点。教师和教材编者在设定训练项目时,往往以文体以及一些功能项目作为主线,根据这些表达功能项目的需要再设计一些语言运用项目的训练。这种阶段训练项目的划分基本上符合学生实际语言水平。

教师在进行写作教学的总体设计时,也不应把阶段重点和总体目标割裂开来。不管处于哪个阶段,教学安排既要注重主要的文体写作教学,同时也要考虑到纵向的总体教学进程。在实际的写作中,各种文体、表达功能项目往往是交融的。

(二)对外汉语写作教学实践应遵循的原则

在对外汉语写作教学实践中,还应该着重遵循一些原则,具体包括以下几点。

1. 以学生为中心安排教学活动

教师在课堂上应努力使所有的写作活动成为一种协作性的学习过程,使每个学生都能亲身参与其中。例如,在写作准备阶段,教师在向学生传授写作知识、技巧时应点到为止,然后重点训练学生的实践能力,就一个主题或论点让学生展开讨论,个人、两人、多人组发言,阐明观点。班集体讨论,学生相互间得到鼓励和刺激,其思维会越来越活跃,并产生、见识各种各样的表达方式。在写作阶段,教师指导学生加工信息资料,整理思想,确定写作内容。写作时教师尽量不要打扰学生的思路,使其把想到的内容一气呵成地记录下来,保证思维的流畅性。在作品的评改阶段,学生可分为2人或3人一组,让他们评价所有学生的作文,从语言知识方面找出不足和错误,还可以根据需要增补、删减相关内容,使学生在品评他人习作的同时,丰富自己的观点。教师应做好巡视工作,以对学生进行必要的、适当的指导。

2. 处理好学生母语写作能力和汉语写作能力的关系

一般而言,学生的母语写作能力和汉语写作能力是成正比关系的。对此,教师应把学生的母语写作能力转移到汉语写作能力中来。当教师看到学生的一些习作在内容和构思上有可取之处、而语法词汇有较大问题时,应该注意到其中的潜力,保护学生写作的积极态度和创作欲望。与此同时,教师还必须注意向学生讲解母语和汉语的差别,避免学生照搬母语表达习惯,而写出不符合汉语表达习惯的语句。

3. 将写作教学与其他语言技能教学相结合

语言教学的"听""说""读""写"并不是截然分开的,因此,教师在对外汉语写作课教学中要注意结合其他语言技能教学内容,使其互相促进。例如,听写作文既有听力教学内容,也有写作教学内容,它在训练听力的基础上又加强了笔头表达能力的训练。对此,教师应该在讲课前就要收集一些无生词而结构简单的小文章。课上,教师念小文章三遍,然后让学生按原文默写,或者自己组织语言写下小文章的大致内容。写完后,学生之间互相交换批改,互相指出不足。最后,教师随机抽选比较具有代表性的文章,和学生一起批改。

又如,口头作文既有口语教学内容,又有写作教学内容。对此,教师应在课前准备好主题,课上或者板书到黑板,或者以挂图方式展示,或者以课件形式展示,同时提示相关语言项目,然后据此要求学生编一个完整的小故事,鼓励学生积极进行想象、推理、猜测,以增加新颖的故事情节。

再如,阅读与写作教学也是密切相关的。阅读可以增加学生的词汇量,增加写作经验,了解、掌握写作的基本规律。实际上,要提高写作能力,通常都以一定的阅读量为基础。对此,教师还应该有计划、有针对性地向学生推荐一些水平相当的文章。在阅读过程中,教师还应给予必要的指导,鼓励学生做阅读笔记,对阅读过的材料进行扩写、缩写、仿写等,鼓励交流阅读体会。

4. 充分利用课外时间

教师在课堂上给学生安排写作的时间毕竟是有限的,因此应有计划、有针对性地布置课余写作练习。让学生用汉语记日记也应该成为重要的课外练习内容,以此锻炼学生汉语思维能力和写作质量、速度。教师还应就日记内容给予提示,如个人生活、家庭生活、大学生活,或者对社会问题的评论。

5. 采用科学合理的评改策略

作文评改是对外汉语写作教学中的重要环节,教师必须注意采用科学合理的评改策略,以使得评改阶段取得理想的效果。一般来说,教师在进行作文评改时需要注意以下几个方面。

首先,教师在对学生的写作进行评改时,应该采用渐进的方式。学生的汉语写作,尤其刚开始的写作练习,大多会存在大量的错误。而学生非常重视教师的反馈。教师如果一一细改,会使学生习作上一片红色,打击学生学习的信心。因此,评改一开始不能过细,而要抓主要的问题,逐步走向细致、深入,逐渐纠正错误。

其次,教师的评语应该有针对性、具体性。学生重视教师的评语,教师写评语要具体、有针对性,不能泛泛而谈。教师应根据学生的习作写出评语,优点具体实在,问题直接清晰,使学生一目了然。

最后,教师应该正确运用肯定式讲评和否定式讲评。肯定式讲评应提名表扬,当众阅读出色的习作,这不仅对被表扬者是极大的鼓励,也能激发其他学生的写作积极性。否定式讲评是不点名的,并且应该是总括分类式的讲评,不把个别的、不具普遍性的问题当堂来讲,即使对于多位学生来说是系统错误,也要个别问题个别解决。

6. 选择学生感兴趣的题目

写作课题目应该是学生感兴趣的,符合学生的需要,以更好地调动学生的积极性,启迪学生的思维。为此,教师可通过讨论、简单的问卷调查,向学生征集写作题目,这样,学生面对自己选的题目也通常会有感而发,有话可说。选题范围可大可小,或者是国际时事、国内大事、社会热点,或者是身边的日常小事、现象。

第二节　对外汉语写作教学实践

在对外汉语写作教学实践中,语段是构成文章的基本单位,写作训练应考虑以语段为基础,然后才能逐步过渡到篇章。写作是对外汉语教学中最为困难的部分,很多学生在写作时经常出错,不但有用词错误,还有语用错误,甚至普遍存在一种超越句子的失误,即句子本身没有什么大问题,但其相关句子组成语段后就不符合汉语习惯。另外,对外汉语写作教学实践中的课堂教学还需要遵循这样的程序:写前指导、写作训练和作文评改。以下就对外汉语写作教学实践中的语段运用教学和写作课堂教学程序进行分析。

一、写作教学基础:语段运用

众多语句依照意义上的逻辑关系组合起来,共同表述一个话题,这样的语句群就是语段。语段是人们思维的一个基本环节,也是人们交际的一个基本单位。在一个语段中,各个句子之间是相互制约的,依据一定的逻辑关系进行有机组合,从而显示出一定的整体语意特征。在文章中,语段是相对独立的,且具有相对完整的语意(意义)单位。

作为“语句群”,语段比句子复杂,比整篇文章简单,是一个体现人思维的单位内容的言语片断,也就是人们常说的“一段话”。可见,语段是构成文章的基本单位。刘勰在《文心雕龙·章句》中就说过:“夫人之立言,因字而生句,积句而成章,积章而成篇。”这说明了字(词)、句、章、篇之间的有机联系,但各自的组合方式又并不相同。字组合成句子,必须要遵循语法规则;而句子组成文章,则依据的是意义上的联系。也就是说,文章“绝不是一堆句子的简单凑合,而是分层组装的结果"①。"分层组装","层"就是语段。"语段的分解可以构成句子或词语;而语段的连缀则可构成章、篇。"②由此可见,语段是文章的关键,也是文章的最基本的单位。同一语段中,句子的组合需要具备一定的条件:第一,表层结构上要连接,而连接的黏着性则主要通过语法手段和词汇手段来加强。第二,底层意义上要连贯,语意连贯的衔接性需要通过一定的逻辑推理才能达到。

从语言实践的角度来看,练习语段与练习文章所起的作用是一样的,而要想强化"写"的技能训练目的,语段的作用就更为突出。因此,在对外汉语写作教学实践中,要考虑以语段为基础,如写作练习从语段入手;批改以语段为单位;语病分析着眼于语段。

（一）写作练习从语段入手

对学生安排写作练习时,说明学生已经有了一定的汉语基础。但是,学生要把系统的思维用汉语连贯而清晰地表达出来还存在相当大的难度。写作练习通常会集中出现词汇、语法、语意、连接、照应、逻辑,甚至汉字、标点符号等问题。因此,教师应当从语段入手,让学生集中精力写好几句话、十几句话,把基本要领如遣词造句、连句成篇掌握顺当、牢固,然后再逐步扩展。也就是说,在基础写作阶段,教师先不急让学生练习篇章,而应该从练习语段入手,由浅入深,逐步提高学生的汉语能力。

写作练习从语段入手,其优越性在于其容易构思,能够集中解决重点问题,简便灵活地进行多种风格的语言训练,集中训练固定的言语组合,给重点词语的练习提供语境。尤其是构思方面,语段的语意单纯、集中,结构、层次也相对简单,构思起来比较容易。

---

① 刘焕辉:《修辞学纲要》,天津:百花文艺出版社,1993年,第186页。
② 陈亚丽:《文章学新探——面向未来的写作技法》,北京:科学技术文献出版社,1995年,第28页。

采取语段的方式练习,学生可以得到更多的实践机会。例如,就某一个具体景象用几句话写出来:一本故事书、一张书桌、一辆车、一个开满花的树等。又如,用几句话写人物肖像,描绘角度多种多样,年龄、性别、职业、性格等。由于语段简短、灵活,很适合于有针对性的训练。

汉语中对某些方面的描述和解说大都有固定的说法,当学生还不了解时,表达类似的意思或者是不确切,或者是绕圈子。对此,教师应该有针对性地指导学生练习固定的搭配和组合,使其吸收一些相关词语,熟练掌握语言模式,尽量排除母语的参与。

教师重点教学一些相关的词语和结构时,可以设计一个话题,给出若干词语和结构,让学生围绕话题写一段话,并使用指定的词语和结构。这种在较宽泛的语域中动态地运用语段,更富于实践性,也更能检验学生语段掌握的程度。

（二）批改作文以语段为单位

教师在给学生批改整篇作文时,如果以句子为单位,随看随改,通常会因为句子不知所云而无从改起,或者仅仅凭主观猜测进行改正,就又改变了原来的意思,或者改了之后,出现前后不搭的情况,或者有些词语的运用因没有联系上下文而看不出问题,造成漏改。也就是说,以句子为单位批改作文,通常只是按照语法规则修改句子,即使修改好了也只是静态的,不能代表它在动态言语环境中是确切的。因此要了解句子以及构成其各成分的用意,判断问题的所在,必须要联系上下文进行统筹观察。因此,在对外汉语写作教学实践中,教师要修改学生作文必须要顾全局,顾全篇,具体批改时以语段为单位。对一个句子来说,语段就是全局。

一般情况下,语言运用中出现的问题,在一个语段范围内都可以得到调整。例如,有一篇介绍"×××植物园"的习作,按照意思和结构分为五个语段:第一个是概况;第二到第四个分别记叙了八个植物景点;第五个是谈观感。每个语段相对独立,修改、调整都是在"内部"完成的,与其他语段并没有什么关联。但这种"内部"的调整是以语段为单位的,句子的界限必然要被打破。下面以某学生的习作"鸽子园"的某个语段为例加以说明:

一进门口就<u>看见</u>鸽子园。园中有几位男女正在喂它们。原来鸽子们已经有一个<u>主人,主人</u>要求顾客进鸽子园时顺便喂它们。我的朋友想跟鸽子照相。<u>她买一包鸽子吃的东西从主人那儿。买了五元。这些鸽子毛各种颜色。</u>我的朋友一边喂鸽子一边照相。一个鸽子站在<u>我朋友手上吃饭吃得很快</u>。别的鸽子都走了,一个也不跟它<u>抢饭</u>。我和别的顾客也有<u>一样</u>经验。鸽子确确实实是和平鸟。

画线的词和语句以及一些标点符号是需要修改或调整的。现改正如下:

一进大门就是鸽子园。园中有几个男女正在喂那五颜六色的鸽子。我朋友想跟鸽子一起照相,就花五元买了一包鸽子食儿。她一边喂,一边拍照。这时,一只鸽子突然飞到她的手上去吃,其他的鸽子不但不去争抢,反而都走开了。后来我和别的游客也经历了同样的事,看来鸽子确确实实是和平鸟。

只有把每一个语段都改得和谐、顺畅了,整体的语意特征才能明晰地表现出来,从而使得全篇文章想表达的意思明白晓畅。

旁批也可以语段为单位。如果一段话很有特色,就应该在对应语段旁边给予肯定;如果一段话出现的某类错误较为集中,就需要在对应语段旁边明确指出;如果一段话意思表达不明确,就需要在对应语段旁边给予"重新组织整理"的说明等。以语段为单位的旁批,可以使学生对该语段有一个整体性的认识。

（三）语病分析着眼于语段

在过去,教师对学生习作的语病分析通常以句子为单位。分析、讨论、改正病句,可以解决一个句子在词语、语法方面出现的错误,但"学生运用语言(无论是读或是写)的时候,许多常见的毛病往往不是出在一个句子之内,而是出在前后联系很紧密的一组句子之间。像所谓'语无伦次''前言不搭后语',意思跳跃'不接气',重复累赘等等,可能是一个句子里边的毛病,更多的时候是一组句子里边的毛病。"① 也就是说,句子内部的问题一般都是比较单纯的、具体的,而且很容易发现,而发生在句子之间的问题则是深层次的,不但需要在语段内逐层地剖析,而且需要经过反复的实践才能改正。因此,在对外汉语写作教学实践中,教师分析语病不能只看句子,还要注意分析有毛病的语段。语病分析着眼于语段,可以解决以下一些问题。

1. 句子的连接问题

作文通常要表达某一个固定的主题,表达某一思想,句子连接成文章,必须要以一定的规则为依据,才能够表达出文章整体的意思。否则,一堆正确的句子堆积在一起,没有什么逻辑关系,那也相当于是一盘散沙,或者是一团乱麻。例如:

A. 我叫拉娜。我是从俄国来的。我是十八岁。我在莫斯科出生的。我的家有三口人。我的妈妈和爸爸。现在妈妈不工作。现在爸爸在大使馆工作。十一月妈妈和爸爸去莫斯科。现在我是北京语言文化大学的学生。我学习过一年汉语。我还学习三年汉语。

B. 从昆明坐公共汽车去石林。在去石林的路上雾下起来了。走路很困难。气温也下降了。这时是冬天。可是云南是南方。所以我们想比北京暖和一点儿。可是,跟北京差不多。这时坏极了。到了石林。石头很多。好像迷路。石林是很好看的地方。可是,没意思了。

以上例子的语段都是由诸多句子组成的,但句子之间都是相对独立甚至是完全独立的,没有衔接性,从而无法体现出语段的整体语意特征。这是因为当中的句子缺少一根主线贯穿,没有连

---

① 张志公:《语文教育论集》,北京:人民教育出版社,1994年,第508页。

接。连接首要考虑的就是意思的顺序关系,关系密切的要紧密相连在一起。通过语法手段,一些单句变为复句,从而可以省略一些句子成分,此时便需要用到关联词语。此外,句子连接还要考虑语气的变化和照应。

2. 句子成分的省略问题

学生运用汉语进行写作,常出现句子的某些成分该省略而没有省略的问题。主要表现为:主语或宾语应承前蒙后省略时却重复出现;人称代词做定语表示领属时出现频率较高。例如:

我要来中国学习汉语,我告诉她我要走了。她听了以后心里很难过,她送我到飞机场以后,她依依不舍跟我告别。我现在在北京很想念她,每个星期我都给她写信。她收到了我的信后就给我回信。我认识这样的朋友,我感到很自豪,从此以后,我再也没见到那样的朋友。

上述语段中,主语下面画"＿＿＿"的,表示应该出现;下面画"～～～～"的,表示应直接省略或句子进行一定的调整后要省略。例子的情况出现在一个复合句里也许问题不大,但如果在一个语段里反复出现就显得啰嗦。以语段为单位,能让学生更能清楚地看到问题,从而加深认识,提高警惕,以避免再犯类似的错误。

3. 语句重复、句序杂乱的问题

一个语段里会经常出现语句重复现象。例如:

A. 他们还没射大雁,就怎么吃大雁发生了争执。哥哥说那个大雁烹着吃,弟弟说那个雁烤着吃。他们的意见不一样,所以意见不和。他们有的这样说,有的那样说,轻易决定不了。

B. 我家旁边的一个家庭里有一棵樱花树。那棵樱花树在那个家庭的院子里。那棵樱花树在四月初时满开花,花开得非常美丽。在我们家旁边除了那棵樱花树以外,没有别的树,只有那棵樱花树。那棵樱花树开花时,满开的樱花把那一带的被烟尘污染的空气和气氛变成桃源乡。我很喜欢那棵樱花树。

上述语段里的语句重复现象就很严重,而只有通过语段才能将这种现象看出来,也只有在特定语段范围内才能将其语句统一协调,从而进行合理的删减、调整、合并等。

语段里的句子排列总是按意思表达的需要,体现出一定的逻辑关系。否则就会显得杂乱无章,一会儿指西,一会儿指东,飘忽不定,意思表达模棱两可,先后顺序混乱。例如:

> 我家有五口人。除了我以外,有父亲、母亲、妹妹和哥哥。母亲是小学的老师。哥哥在一个美术院,他画西洋画儿。妹妹是大学生。父亲呢,当一个兽医。我现在在中国学习汉语,想学两年。妹妹的专业是衣裳设计,她很喜欢造衣服。

上述语段里,作者介绍家庭成员就显得比较混乱,从其给定顺序看,应该是先介绍父亲、母亲,然后是妹妹、哥哥,但作者却是先介绍母亲、哥哥、妹妹,然后是父亲,再到自己,最后又再次介绍妹妹,显得比较混乱。而如果只是单独地看句子是没有什么大问题,但就是因为从整个语段来看,才能看到问题所在。

4. 句子表达不清的问题

语段里的句子之间体现出一定的逻辑关系,表达的意思通常互相关联,因此有的句子存在意思表达不清的问题,单抽出来改正是很困难的,必须要借助一定的语境,动态地看待,才能判断出其所要表达的意思,从而给分析、修改设定前提。例如:

> 他很喜欢帮助别人。在墨西哥他也喜欢在农村工作,因为有的地方没有医院。有的人没有钱,不能去看大夫。如果这个农村有医院他不去。所以他两次去农村工作和去别的地方也没有医院去看病人。

上述语段里,画"＿＿＿＿＿"线的句子成分显然是有毛病的,但如果单独抽出来分析、修正又十分困难,因为这需要联系前面语句表达的意思才能判定修改的前提。可见,从语段的角度进行语病分析,可以解决句子表达不清的问题。

5. 同义词语和临时同义词语的选择、替代问题

学生在练习写作时,会由于不注意或者本身就不懂得如何选择同义词语和替代使用,从而使得语句啰嗦而没有变化。例如:

A. 那个农民在锄地的时候找到了一个坛子,坛子写着"白银三百两"。他向坛子里边一看,吃惊了,原来坛子真的是白白的银子。农民不知道怎么办。想一想,想了一个办法,把坛子藏在土地里,晚上再来拿。

B. 来中国以前,我很想看长城。那个时候,我在画报、图片上看见过对长城(它)的描述。没想到刚来北京没多久,我就参观了这一世界有名的中国古代长城(名胜古迹)。

上述语段里,画"～～～""＿＿＿"线的是同义词词语,括号里的是可以替换的词语。同义词太多,可用代词代替。而这些问题只有从整个语段来看才能发现。

6. 其他各类错误

成为语段里的某个部分后,句子再也不是静态的了,而是动态的,不仅句子本身与上下文产生了关系,而且句子中的各个部分也经常与上下文产生某种联系。有时候,一个句子的错误,单看句子本身是不容易发现的,必须要联系上下句才能看出来。例如:

①今天成为我的一个纪念日。②我从今天开始我的中国留学生活。③昨天我还没准备好,到今天早晨三点才准备完了。④然后,我七点起床。⑤我打算八点离开我家,我妈妈八点上班,所以我们一起出发。⑥可是走了五分钟以后,我忽然发现我的钱包放在桌子上。⑦我提的行李太重,所以我让妈妈保管我的行李。⑧我急冲冲地跑回我家,拿起钱包来。

上述语段里的句子,单个看并没有什么太大的问题,但是统

筹看,实际上存在不少毛病:第一,句④中的"然后"使用不当。因为"起床"并不是紧接"早晨三点才准备好了"之后的动作。第二,句⑤中"上班"前应加"也",因为"我"和妈妈离家时间一致。第三,从整段意思看,"我"出门忘记拿钱包了,因此句⑥的"钱包放在桌子上"中的"放"使用不当,应改为"落"或者"忘",句尾应加上"了"。第四,句⑦中的"保管"应改为"照看",因为是临时性的,而且是"照看"的人非职业性的;"所以"改为"就",去掉其后的"我";"我的行李"一再出现,重复太多,显得啰嗦,应省略。第五,句⑧中"跑回我家拿起钱包来","拿起钱包来"表示的是取向,而按逻辑看,应该表示的是目的,所以要改为"取钱包"或"拿钱包";"跑回我家"中的"我家"应改为"去"。

除上述问题需通过语段分析、改正以外,其他一些问题诸如标点符号的运用、句式的搭配、音节的配合,以及相邻句子之间的具体问题,都可以通过语段分析得到修正。

二、写作课堂教学程序

对外汉语写作教学实践中的课堂教学通常遵循这样的程序:语言知识指导→范文的阅读和分析→规定写作训练的内容和形式→学生写作→评改学生的作文等。这些阶段程序又可大体分为写前指导、写作训练和作文评改。因写作训练部分内容将在本章第三节进行相关阐述,因此这里主要探讨写前指导和作文评改。

（一）写前指导

写前指导包括语言知识的指导和范文的导读,主要目的是激活学生已存储的语言知识,在新旧知识之间建立联系,让学生理解怎样运用语言知识进行写作,为动笔练习作准备。学前指导主要运用的方法有对比法、引导法、例证法、提问法,具体如表7-3所示。

表7-3　写前指导主要运用的方法

方法	相关表述
对比法	教师可将汉语写作与其他语言写作相比较,这样使学生容易理解,引发其兴趣
引导法	教师可以采用一步步引导的方法便于学生感悟、接受新知识
例证法	即用分析例文的方法来教授学生写作的技巧。一般讲解文章的结构或表现手法等特点,用例证的方法较直观,学生容易理解
提问法	即用提问的方式引出所要讲解的内容,进行语言知识的指导。一般用提问的方法不会让学生对已知知识的重复感到枯燥

（二）作文评改

作文评改就是对学生作文中出现的各种问题进行分析、讲解,主要目的是通过信息的反馈,促使学生书面语的表达更加规范。作文评改运用的方法主要有肯定法、类比法、讨论法、互评法、归类法、启发法,具体如表7-4所示。

表7-4　作文评改主要运用的方法

方法	相关表述
肯定法	肯定和表扬可以激发学生写作的热情,提高学生写作的兴趣。教师可以在黑板上板书作文中用得好的词语、句子,或请学生朗读写得好的语段或全文
类比法	即将主题相近的作文进行比较、分析。由于主题相近,类比更容易让学生发现自己作文的不足之处
讨论法	教师挑选一篇有代表性的学生作文,印发给学生,让学生讨论该作文好在哪里,不足在哪里,应该如何修改
互评法	即学生之间互相评改作文。评改之前教师要将评改的项目,如词语的运用、段与段之间的衔接、文章的开头和结尾等细列给学生,让学生有所依据地评改作文。最后,教师还应对学生的讲评作小结
归类法	即对学生作文中的偏误进行归类讲评,以更有针对性地解决大部分学生存在的问题。归类可以依据语言划分,也可以根据语言项目的教授突出对某一类的偏误进行讲解
启发法	即教师只在学生的作文中做评改的记号,不直接将修改的结果写出来,让学生根据符号的提示重新思考,修正,启发学生自己发现问题。学生再将修正的结果给老师看,老师据此再次进行讲评

第三节　对外汉语写作能力的训练途径

对外汉语写作能力的训练内容可分为基本训练、简单应用文训练、段落训练、限制内容的写作训练,教师可根据不同的训练内容选择不同的训练途径。当然,很多训练途径还具有较强的通用性,可广泛应用于不同的写作教学内容。以下就以对外汉语写作能力的训练内容为维度,分析不同的训练途径。

一、基本写作技能训练的途径

基本技能训练可以专项进行,也可以分散到其他训练中使用。基本技能训练一般包括听写、听后写、看图写话、翻译等。

（一）听写

听写即学生写下教师口授的内容。例如,老师可以就某个城市的天气预报进行口述,然后让学生写下来。天气预报与生活密切相关,更加贴近学生的生活,使得学生对听写更容易产生兴趣。需要注意的是,这里的听写主要是小的段落,目的是使学生增加对汉语书面语的感受,了解汉语书面语的特点。因此在听写过程中,教师要注重对汉语书面语的表达方式、连贯方法、标点符号用法等的介绍。

（二）听后写

听后写即学生听一个故事或一段故事、一篇文章,然后在理解的基础上自己整理出类似的一篇文章来。

听后写的一般的步骤是:先根据情况给学生听一至三遍录音,或由教师朗读,要求学生边听边简要记录。每听一遍,教师都提出具体要求。在听前或听的过程中,教师可将涉及理解的关键词语板书出来,然后学生可以对不理解的地方提问,最后进入写作阶段。

听后写可以广泛取材,如小故事、小记叙文、小评论、一封信、一则寓言等。听后写的批改要求叙述顺序清晰,词语搭配得当,连接词使用准确。

（三）看图写话

看图写话即学生根据看到的图片(如地图、明信片、简笔画、符号等),写出成段的篇章。

在开始阶段,这种练习一般是由教师引导学生写出几个相互关联的句子,即一个段落,最好包括图上的内容和自己的想法。这种练习是让学生学习简单的描写、说明技巧,训练学生用正确的语法和汉语逻辑思维方式来组织简单的言语片段。每次练习都要有明确的目的,教师要明确想让学生写什么,可以用问题或词语提示来引导。

将图片出示后,教师可以提出一些问题,启发学生。问题可以写在黑板上,也可以口头提问,然后启发学生讨论一下,再写成一段话。在学生回答和讨论的过程中,教师还可把应该提示学生使用的词语写在黑板上,供学生选用。在学生掌握了正确的用法后,再让学生动笔。

连环画也是很好的练习写作的材料,因为它展示的情节简单,学生容易理解。

（四）翻译

用学生母语写成的篇章翻译成汉语。用母语写成一个篇章,可以让表达更加顺畅,逻辑清晰,而且感觉到有话可说。然后在这样的基础上再翻译汉语,并能注意到母语语篇的语境问题。这种方法可以使学生了解其母语和汉语在书面表达上的不同,加深对汉语书面语写作规律的认识,并可通过实践掌握汉语的表达方法。这种训练在写作的各个阶段都可以使用。

二、简单应用文训练的途径

简单应用文主要包括各类表格、书信、实用短文等。

简单应用文的课堂教学步骤一般是：第一，展示范文。第二，跟学生一起分析范文（包括结构、格式、特定用语等）。第三，在学生有了一个正确的印象以后，教师再给出不同的情境、条件，以至词语，让学生自己练习写作。第四，修改、讲评，可以拿学生写的应用文让全班同学分析，加深印象。

处在初级阶段的学生可以学习填表、写信和填信封，以及其他一些应用信件，要求是常见的应用文。

三、段落训练的途径

段落训练目的是了解和掌握汉语的段落类型、各种段落类型的基本结构方式、各种结构类型的常用结构词语、连贯方式和一些简单的修辞手段。段落训练的途径主要是整理段落、划分段落、写主题句、根据主题句分述。

（一）整理段落

整理段落就是把一个段落里的句子顺序打乱，让学生重新组织，目的是训练学生用汉语思维方式组织段落和文章的能力。学生可以按序号编排，也可以重抄，一般用前者。

使用该途径时，教师应事先教授学生整理段落的具体方法，前提是要求学生对被打乱的句子进行仔细的阅读，把握句子排序的方法，或者是按时间顺序，找表示时间的关键词，如早上、中午、下午；前天、昨天、今天、到了晚上等。其他还有方位顺序、事情发展的顺序、参观的顺序、地点转换的顺序等，注意顺序的关键词。当然，这些关键词应该是学生事先熟练掌握的。

（二）划分段落

划分段落即给学生一篇没分段的文章,让学生按逻辑和内容要求,把文章分成几个自然段落。在给一篇文章分段前,教师先大致讲解一下这类文章段落排列的顺序,每一段落的功能。议论文与各种记叙文分段的依据有所不同,要分别进行各种文体的分段练习,并应当注意把每一种文体中段落划分的典型文章交给学生,应当选择结构清楚的文章进行这种训练。

（三）写主题句

写主题句即给学生一个段落,在写段落主题句的地方留空白,让学生根据所给段落的内容写出主题句。

一般的议论文的段落都有一个主题句,主题句一般居于句首。段落的主题句是用来阐述文章主题的重要的句子。段落主题句以外的句子是用来阐述说明段落主题的。

（四）根据主题句分述

根据主题句分述即教师给学生一个主题句,由学生用几个句子分别阐述主题,发展成一个段落。

由于分述主题的方法不同,因而形成不同的段落类型。段落的发展一般运用以下方法:列举、举例、对比、对照、定义、分类、时间和空间、描写、过程、因果、概括等,可以根据学生的实际水平和需要选择练习。

四、限制内容的写作训练途径

限制内容的写作训练主要是教师给学生一定的情境、条件、内容,然后让学生组织一篇文章。具体的限制方式如下列的扩写、缩写、改写、续写、根据问题写文章、列提纲、写特定内容、规定情境,以及描述图片、连环画、电影、幻灯片等形象性教材各个方面。

第八章　新时期对外汉语综合课教学研究

在新时期对外汉语教学中,综合课经常被看作是一门基础课或是主干课,从语音、词汇、语法和汉字等语言要素和语言材料出发,结合相关的文化知识,对学生的听、说、读、写等语言技能和语言交际技能进行综合训练。本章将对新时期外汉语综合课教学的相关内容进行研究分析。

第一节　对外汉语综合课的教学实践

有关对外汉语综合课的教学实践,可以从以下两个方面着手进行详细阐述。

一、对外汉语综合课语法例句的设计与展示

在对外汉语综合课教学中,语法是不可忽略的一个重要内容。而且,学生对语法规律领会的好坏,将对其听、说、读、写训练的效率产生直接影响。因此,对外汉语教师应在尽量短的时间内对语法知识进行科学、精当、明确和有效的传授。而在这个过程中,语法例句的设计与展示起着重要的作用。一般而言,在进行对外汉语综合课语法例句的设计与展示时,需要注意以下几个方面。

（一）要注意有针对性

在对外汉语综合课教学中,教语法不是目的,真正的目的是

帮助学生真正理解语法现象,并能够运用语法规律去进行交际。因此,在设计例句时要注意做到有针对性。

第一,要针对所教语法现象的特点及其交际功能进行例句设计。以教可能补语为例来说,一般而言,可能补语的否定形式是最常运用的,肯定形式仅限于用在疑问句、与否定形式相对的肯定句、包含否定意思等句子中。因此,教可能补语时,可以先对否定形式的例句进行重点设计,并创造适宜的语言环境将其引入,如:

（1）小红才学了三个星期的汉语,还看不懂中文书。

（2）坐在我前面的人挡着我,我看不见PPT上的字。

（3）这个教室很小,坐不下50个人。

对于肯定形式的可能补语,可以用不同的方式进行引入,如:

A：你听不懂汉语广播吧?

B：不,我听得懂。

第二,要针对学生的实际进行例句设计。这里所说的学生的实际,主要指的是学生在对所教的语法知识进行运用时总是会犯的错误。在对外汉语综合课教学中,传授语法知识是为了指导语言实践。也就是说,语法知识是用来预防学生在语言实践中出现错误的。因此,在进行例句设计时,应先入为主,提高学生的警觉,给他们留下深刻的印象,避免形成错误的习惯。

以教反问句为例而言,其否定的形式通常用来表示肯定,但是很多学生由于受到汉语词序特点的干扰,无法较好地掌握"不"在句中的位置。针对这一情况,可以这样对例句进行设计。

（1）A：你慢慢说,不要太激动。

　　　B：我考上理想的大学了,怎么能不激动?

（2）A：你身体不好,不能激动。

　　　B：我身体已经好了,怎么能不激动?

设计好这一例句后,就需要启发学生通过观察和对比得出:当句中有能愿动词时,"不"应该加在"能"之前;没有能愿动词时,把"不"应该放在"怎么能"之后。

（二）要注意对比

在对外汉语综合课教学中，对比是经常会用到的方法，语法例句的设计与展示也不例外。在进行具体的语法知识教学时，既要注意汉外对比，也要注意新旧知识以及新知识间的对比。

以教连词"尽管"的用法为例而言，如果单独举一两个例子并与英语比较异同，学生通常无法获得透彻理解。但是，如果将它与一些学过的连词进行对比，则学生既能对新知识进行较好的理解，也能及时巩固旧知识，从而使自己的连词运用能力得到有效提高。因此，在教授连词"尽管"的用法时，教师可以先展示几个既涉及旧有的知识，又含有新的知识的例句。

（1）即使下冰雹，我也要上学。

（2）如果下冰雹，我就不上学了。

（3）既然下冰雹，我就不上学了。

（4）尽管下冰雹，我还是要上学。

接下来，教师可以启发学生对这几个例句进行比较，并对它们之间的联系与区别进行体会。之后，教师要引导学生作出归纳。

假设

（1）即使下冰雹，我也要上学。

（2）如果下冰雹，我就不上学了。

事实

（3）既然下冰雹，我就不上学了。

（4）尽管下冰雹，我还是要上学。

据此，可以得出最终结论，即第一个句子和第四个句子不受这种情形的影响，而第二个句子和第三个句子受这种情形的影响。

（三）要注意繁简得当

语法例句主要是用来帮助学生理解语法知识和规律的，而且在充分保证科学性的基础上，需要对宜简还是宜繁进行深入的考虑。通常来说,例句以简练为妥,或者由简入手,从简到繁,而且例句过多过繁会导致学生注意力分散。当然,这不能一概而论,在必要的时候(如教某些虚词,特别是关联词语的连用),例句该繁则繁。

　　另外,所展示的例句中的词语,应尽量是学生学过的、熟知的。这样可以在很大程度上避免学生因将注意力集中于例句中不懂的词语的念法和意义而忽略了语法本身。

（四）要注意有灵活性

　　汉语没有严格的形式规定,通常多种形式可以表达同一个意义,一个意义也可以用多种形式来表达,相当灵活。因此,在对外汉语综合课教学中,语法例句的设计应该具有灵活性,因人、知识的内容和特点等而有所差异。以教授"双重否定"的用法为例来说,教师可以通过下面一组单句来进行。

　　（1）我们这儿人人都喜欢他。
　　（2）我们这儿没有人不喜欢他。

　　这两个句子虽然形式不同,但表达的意思是一样的。

　　此外,语法例句的展示方法也应该灵活,既可以直接展示所教内容的例句,也可以先展示非所教内容的例句,然后启发学生动脑动口说出教学所需的例句。

（五）要注意有启发性

　　在对外汉语综合课中,例句的设计应该有启发性,以便学生能够自己总结出准确的结论。例如,教动词前加"一"出现在复句的第一分句的用法,尽管教师通过举例强调第二分句总是说明第一分句那短促的动作所引起的结果,或是经过"看""听"的动作忽然发现一些新的情况或事物,但通过对学生掌握的情况进行检查,发现教学效果依旧不理想,学生往往说出这样的句子:"我要找人一问北京路怎么走""我开门一看,是谁来找我"。

第二次教这种用法时,教师先没有直接列出这种用法的完整的例句,而是板书两组词组。

A:找人问问　　　　A:开门看看

B:找人一问　　　　B:开门一看

然后请学生思考:每组中的两个词组意思是否一样,用它们造句时用法又是否相同。不可否定的是,还没讲授这一知识,想要学生正确地说出两词组用法的差异是具有较大难度的。然而,由于这两组词组的用词都很简单,这样设疑就使学生形成了一种悬念,急切地想了解两者是否相同,不同的话差别又在哪里,促使他们主动地参与学习活动。这时,教师再进一步把词组补充完整。

A:马丁要找人问问南京路怎么走。

B:马丁找人一问,就知道了到南京路该怎么走。

A:我开门看看是谁来找我。

B:我开门一看,原来是小明来找我。

最后,启发学生自己总结出:前者后面跟的是"问"或"看"的内容,后者跟的是"问"的结果与"看"后发现的情况。这样,两种用法的差异就能够给留学生留下深刻的印象。事后教师应对教学效果进行检查。

二、对外汉语综合课课堂交际技能的训练方法

对外汉语教学的目的是培养学生使用汉语的能力,而交际技能的操练关系到能否对学生使用语言的能力进行有效的培养。因此,对外汉语综合课教学中要重视对学生交际技能的训练。而在对学生的交际技能进行训练时,可以运用分组的方法。

（一）分组的意义

在对外汉语综合课教学中,采用分组的方法具有十分重要的意义和作用,具体表现在以下几个方面。

1. 可以督促学生个个参加

采用分组的方法,可以督促学生个个参加。原因在于,在运用这种方法时。通常是先给定一个话题,这个话题必须与课文内容具有必要的关联,然后学生按照教师的要求,用新学的语言知识去完成。讨论问题时,大家迎面而坐,互相启发,纷纷发表自己的意见;对话表演时,每人都参与编排,各任一个角色。由于每个人所具有的社会、文化背景不同,都有鲜为人知的素材,而且对汉语的理解和考虑问题的角度也各有差异,因此,为了使得学生能够更准确地理解课文,应当督促学生相互听、记发言要点。

2. 可以激发学生学习汉语的兴趣和积极性

采用分组的方法,可以为学生创造学习汉语的愉快氛围,激发其兴趣,调动其积极性。通常来说,对外汉语教学班级的学生来自不同的国家,有着不同的社会文化背景,彼此之间存在一定的隔阂,这对他们学习的情绪会产生一定程度的不利影响。分组活动给学生增加了在课堂上接触、交流的机会,使他们能够相互了解、相互帮助。在对外汉语综合课的课堂教学中采用分组后,几乎所有的学生都反映,同学之间的关系变得融洽,集体意识得到增加,同学更加喜爱班集体,乐于在这样的环境中学习汉语。

一般而言,分组以表演、讨论等方式活动,形式活泼,课堂气氛活跃。因此,分组活动使学生的学习情绪非常高,他们积极思考,踊跃参与。而且,分组活动带有的竞争性使得学生往往主动预习、努力准备,以便自己能有一个精彩绝伦的表演,帮助小组获得胜利。

3. 可以增加师生之间自然交流的机会

采用分组的方法,可以使师生之间有更多进行自然交流的机会。同时,学生在这种自然交流活动中会开放自己的思想,而教师则可以及时地发现学生学习中存在的问题并进行解决。长此以往,学生学习汉语的信心和积极性会大大增强。

4. 可以使交流在现实的情境中进行

学生在运用汉语时,不仅要考虑到言语的得体性、正确性,而且要考虑到言语与交际的对象、场合、目的等是否相符合。根据对外汉语教学对象的反映,在分组活动未实行之前,他们虽然想在实践中运用汉语,但难以找到合适的对象,因为大家在下课之后都会离开,彼此难以进行互相的交流与学习。而运用了分组后,他们在课堂上能够有针对性地进行汉语实践,从而使自己的汉语运用能力得到较大的提升。

（二）分组的原则

分组的原则,具体来说有以下几个。

第一,在进行分组时,要尽可能使不同的国家的学生组成一个小组,如果一个小组的学生全部来自同一国家,则切忌将关系较为密切的学生分在同一个小组。这样的分组原则能够确保学生在教学实践中必须用汉语交流,并且能够独立思考。

第二,在进行分组时,每一组的人数不可过多,也不可以过少,以 3 至 5 人为宜。

第三,在进行分组时,要保证各组成员的综合能力不相上下,以便全班的学习进度能够保持一致,同时使得学生能够保持良好的学习情绪。

第四,在进行分组时,要保证各小组都有中坚力量,以便每小组的活动都能够顺利展开。

第五,在进行分组时,应定期改变小组成员,即要随着学生汉语水平的变化而重新组合,并且促使学生广泛地相互接触。

（三）分组的练习方式

在对外汉语综合课教学中,交际技能训练通常安排在一课结束之前,通过布置学生分组做一些综合练习来完成。而综合练习的方式主要有以下两类。

第一类是先让学生与同（邻）桌配对，熟读并能背诵课文对话，之后，布置学生根据原课文编情境对话，各组分别向全班表演，时间一般为 15～20 分钟。

第二类是让全班学生以集体讨论的方式回答课文中有现成答案的那些问题，然后布置学生讨论一些需要综合课文内容，并可发挥的问题，再由各小组推荐代表汇报讨论情况，时间一般为 45～50 分钟。这里需要注意的是，教师要在学生进行小组讨论时走下讲台，仔细观察各小组讨论情况，顺便对学生在讨论中提出的问题进行回答。

（四）分组中存在的问题

在对外汉语综合课教学中，虽然采用分组的方法取得了一定的成效，但还是存在着一些问题，具体来说有以下几个。

第一，在分组后，教师不会一直守在学生身边，这使得学生能够较为自由地进行讨论，但也导致一些不良现象的出现，如无法及时发现学生的语言错误、无法有效掌控小组内学生的讨论情况等。

第二，分组时的活动，有些是没必要展开的，从而导致教学时间的浪费。

第三，在要求小组选择代表进行发言时，言语交际技能较强的学生往往会被选为代表发言，而言语交际技能较差的学生难以得到应有的锻炼。

第二节　速成对外汉语综合课教学研究

一、速成对外汉语综合课教学的教学目标与优势

速成对外汉语综合课教学的总目标是"在相对短的时间内完成一般要在较长时间内才能完成的教学内容，并且达到相当的水

平"①而这一总目标又可以学习对象和学习时间为依据,分成很多的具体指标,即在经过一段时间的学习后经掌握多少个词汇、汉语水平能达到几级等。

就当前来说,速成对外汉语综合课教学有着十分明显的优势,具体来说表现在以下两个方面。

第一,与常规教学相比,速成对外汉语综合课教学只需要花费较少的时间便能将等量的教学内容完成,这进一步使得速成对外汉语综合课教学通常能够达到或是超过常规教学所达到的要求。

第二,与常规教学相比,速成对外汉语综合课教学能够充分认识到学生的个性特点,考虑学习者的学习动机和学习愿望的强烈程度,认识到不同的和愿望决定学习者具有不同的学习态度、学习自觉性等,从而有效激发学生的学习热情,并保持住他们的学习愿望,使教学的效率大大提高。

二、速成对外汉语综合课教学的原则

当前,对外汉语综合课教学包括速成对外汉语综合课教学都主要是分阶段进行的,即可以分为初级阶段、中级阶段和高级阶段的对外汉语综合课教学,而且不同阶段的对外汉语综合课教学的原则是有一定差异的。下面将对速成对外汉语综合课教学的原则进行分析。

(一)初级阶段速成对外汉语综合课教学的原则

初级阶段的速成对外汉语综合课教学,主要是对学生的语言交际能力进行培养。而这一阶段速成对外汉语综合课教学的原则,需要从语音教学、语法教学、短文教学和课文教学四个方面分别进行阐述。

---

① 李晓琪:《对外汉语综合课教学研究》,北京:商务印书馆,2006年,第317页。

1.初级阶段速成对外汉语综合课语音教学的原则

在综合课语音阶段的课堂教学中,既要教给学生汉语的声、韵、调,又要在此基础上对学生进行轻声、儿化、轻重音、语调等语音成分的教学。而且,在初级阶段速成对外汉语综合课语音教学中,需要遵循以下几个原则。

第一,要充分发挥教师的课堂教学主导作用。在初级阶段速成对外汉语综合课语音教学中,重点是引导学生正确、有效且自觉地进行模仿。而要实现这一教学效果,需要教师充分发挥自己的课堂教学主导作用。

第二,要在对教学对象进行充分了解的基础上确定教学的重点与难点。在对学生进行对外汉语教学时,首先应该进行的便是语音教学,因为其是提高课堂教学质量的一个最基础的环节。而在进行具体的语言教学时,需要对外汉语教师首先对自己的教学对象进行充分了解,并切实针对教学对象的特点确定适宜的教学重点与难点,以便使语音教学切实收到实效。

第三,要将语音发音教学与语音理论知识教学相结合。在初级阶段速成对外汉语综合课语音教学中,要注意将语音发音教学与语音理论知识教学相结合,即在学生遇到难发易混的音、调时,利用必要的语音理论知识对其进行指点,以使其不仅能够学会发音,而且知道为何要这样发音。

第四,要将基础语音训练与语流训练相结合。在初级阶段速成对外汉语综合课语音教学中,要注意将基础语音训练与语流训练相结合,以防学生只是孤立地去死记某个音、调或是一味地对教师的发音进行模仿。

2.初级阶段速成对外汉语综合课语法教学的原则

在初级阶段速成对外汉语综合课语法教学中,不仅要使学生充分了解和掌握汉语语法的特点、学习规律等,还要使学生尽快学会如何正确使用汉语,以使自己的言语交际能力和汉语水平得到有效提升。而且,在初级阶段速成对外汉语综合课语法教学中,需要遵循以下几个原则。

第一，要合理确定讲与练的比例。初级阶段速成对外汉语综合课语法教学能否取得成功，与课堂上"讲"与"练"的比例是否合理有着极大关系。由于对外汉语综合课是一种实践汉语课，因而讲的比例应远远小于练的比例。一般而言，"讲"与"练"的比例以不低于1：5为适宜。

第二，要加强词汇和词组教学。初级阶段速成对外汉语综合课语法教学必须要以词汇为依托，将大量的词汇扩展及有实际交际意义的会话练习作为语法教学的主要形式。

第三，要以句型为基础进行语义和语用分析。初级阶段速成对外汉语综合课语法教学，不仅要客观地描述与分析各种句式的结构特点、层次关系，而且要讲清楚某个句式的使用条件。因此，在进行具体的语法教学时，要注意以句型为基础进行语义和语用分析，以便使学生能够真正掌握汉语语法。

第四，要适当加强读、写技能的训练。在初级阶段速成对外汉语综合课语法教学中，应通过听、说技能训练的加强来有效带动读、写，进而达到听、说、读、写四项技能整体提高的目的。也就是说，在初级阶段速成对外汉语综合课语法教学中，要对读、写技能的训练进行加强。

3.初级阶段速成对外汉语综合课短文教学的原则

对于初学汉语的留学生而言，在系统的语音、语法学习之后，课文形式基本上变成短文形式，因此进行短文教学也具有十分重要的作用。而且，在初级阶段速成对外汉语综合课短文教学中，需要遵循以下两个原则。

第一，要加强词汇、语段和语篇的训练。初级阶段速成对外汉语综合课短文教学，可以说是巩固强化语法、大量扩展词汇的重要阶段，因而应将教学的重点放在复句和重点词语的讲解、扩展及运用上。而这一教学重点的完成，依赖于语段和语篇的训练这一教学手段的运用。因此，初级阶段速成对外汉语综合课短文教学要注意加强词汇、语段和语篇的训练。

第二,要加强读、写技能的训练。初级阶段速成对外汉语综合课短文教学,最为重要的是培养学生的读、写技能,因此十分有必要加强读、写技能的训练。

4. 初级阶段速成对外汉语综合课课文教学的原则

在初级阶段速成对外汉语综合课教学中,课文会贯穿始终。这里所说的课文包括语音、语法阶段的会话体以及短文阶段的叙述体。而在初级阶段速成对外汉语综合课语文教学中,需要遵循以下几个原则。

第一,要结合阶段教学重点有层次地进行。在初级阶段速成对外汉语综合课教学的各个阶段中,对课文进行有效处理都是十分重要的。就语音教学阶段而言,其强调要将语音练习与语流练习相结合,而简单的课文恰恰为在语流中训练语音、语调提供了必要的保证;就语法教学阶段而言,语法教学只有将语义和语用分析相结合,才能取得理想的教学效果,而课文既包括了每一课的生词、汉字和新语法点,又提供了展示具体意义和用法的语境,因而是学习语法的重要途径,同时语法阶段的课文教学要尽量做到以教材所提供的材料为基础对学生的思路进行拓展,以使学生能够用自己的话描述课文内容;就短文教学阶段而言,课文不但是进行语段和语篇训练的重要材料,而且是进行读、写技能训练的重要参照,同时短文教学阶段的课文教学既可以按照语段进行,也可以将课文按意思分成若干段来进行,但要注意使学生清楚语段之间的内在联系,以便逐渐提高他们的语段、语篇组织能力。

第二,要重视知识和技能的教学。初级阶段速成对外汉语综合课的语文教学,应对知识和技能的教学予以特别重视。具体而言,在语音教学阶段、语法教学阶段和短文教学阶段,从知识方面讲应有不同的要求,从技能方面讲应遵循“听、说、读、写全面要求,阶段侧重”。

第三,要注意教学方法的灵活性。速成对外汉语综合课的语文教学,应该将朗读、讲解、问答、简述等作为主要的形式,并注意在不同阶段灵活地采用不同的教学方法,以有效培养和提高学生的语言表达能力。

（二）中级阶段速成对外汉语综合课教学的原则

对外汉语教学属第二语言教学,整个教学过程虽然可以分初级、中级、高级三个阶段,但课堂教学的基本原则基本是共同的。因此,中级阶段对外汉语综合课的教学也要遵守初级阶段的教学原则。此外,中级阶段速成对外汉语综合课的教学还要遵循以下几个原则。

1. 以学生为主原则

当前,任何国家、学科的教学,都是坚持以学生为主的,对外汉语教学当然也不例外。对外汉语教学的一切活动都要作用于教学对象这个极不稳定的因素上面,而且对外汉语教学只有真正在学生身上起作用,才能获得期待的教学效果。

在中级阶段速成对外汉语综合课教学中贯彻以学生为主原则,可以从以下两个方面着手。

第一,教师要充分利用组织问答、提问、表演等多种形式来调动学生参与课堂活动的积极性。

第二,在课堂上要以练而非教为主,以保证学生有较为充分的时间进行操练。

2. 实践原则

对外汉语教学本身就是一门汉语实践课,而且不论是语言知识的讲授还是语言技能的操练,都需要依靠大量的实践来完成。因此,在中级阶段速成对外汉语综合课教学中贯彻实践原则是十分必要的。

在中级阶段速成对外汉语综合课教学中贯彻实践原则,可以从以下两个方面着手。

第一，要少讲多练，即教师要在限定的时间内力求讲得精一些，并要采取多种手段调动学生在课上多练。

第二，要突出"说"的训练。教师在对外汉语教学中，应当多多创造机会让学生进行对话练习。

3. 交际原则

对外汉语教学的最终目的是让学生运用汉语自然、自如地交际。因此，在中级阶段速成对外汉语综合课教学中，应当遵循交际原则。而在贯彻交际原则时，应特别注意以下几个方面。

第一，要做到课堂交际真实化，即教师与学生间、学生与学生间的交际应该建立在真实基础上。

第二，要做到词语教学情境化，保证教学内容与交际需要相符合。

第三，要做到课堂教学交际化，即教学过程的各个环节都以组织学生进行交际为准则。

4. 时效原则

时效原则就是在进行中级阶段速成对外汉语综合课教学时，要注意每个学时的效果。原因在于，中级阶段的教学时间十分有限，只有每个学时都取得理想的效果，最终才能积累形成良好的总效果。

在中级阶段速成对外汉语综合课教学中贯彻时效原则，可以从以下几方面着手。

第一，教师要备好、上好每一节课，注意运用精练准确的教学语言使学生在短时间内真正理解所教内容。

第二，教师在教学时要注意突出重点、难点、并注意指导和督促学生进行预习和复习。

第三，教师要把握好课堂教学的节奏，做到有张有弛、松紧适度，以便让学生在课堂上全身心地投入，同时又让学生不过分紧张，以良好的学习状态取得最佳的学习效果。

（三）高级阶段速成对外汉语综合课教学的原则

高级阶段对外汉语综合课教学同样也要遵守初级阶段和中级阶段的对外汉语综合课教学原则。同时，高级阶段对外汉语综合课教学要继续进行技能训练，将语言知识、交际文化知识的传授与学生全面语言交际能力的培养巧妙地结合起来，在有限的教学时间内运用最佳的教学途径和手段提高学生的汉语水平。这就需要高级阶段对外汉语综合课的教学还应遵守一个特别重要的原则，即系统性原则。

系统性原则要求高级阶段的对外汉语综合课教学从整体上做到环环相接、紧密联系、互相配合，并具体做到以下几个方面。

第一，要注意与中级阶段对外汉语综合课教学相衔接，同时要避免学习和训练内容的中止或重复。

第二，要合理安排高级阶段三、四年级两年间的学习，以保证不断深化学习内容和训练方法。

第三，要注意同一年级所开设的各门课之间具有紧密的、必要的联系。

第四，要注意课型、教材、教学方法、测试的有机统一。

三、速成对外汉语综合课的教学方法设计

要想实现速成对外汉语综合课的教学目标，最为关键的是设计适当的教学方法。而在设计教学方法时，需要在对教材进行认真分析的基础上进行。

目前，速成对外汉语综合课教学采用的教材大多是根据速成汉语教学的特点，按照"以话题为中心，以语法、功能为暗线，以全方位练习为主体"的总体构想进行编制的。这些教材就语法点的排列而言，有一个内在的顺序，但课文所涉及的语法现象并不像以语法结构为纲的教材那样，看起来一目了然，而是根据话题的需要，"兼顾语法点的合理安排"，因而对于语法现象的注释，

综合课本并不是"见一个讲一个",而基本上采取的是"归纳法"。这样,课文出现的语法点,就不能全部在当课注释,从而导致课文和语法注释的某种乖离。对此,教师要注意从以下两个方面对语法点进行处理。

（一）集中讲解与分散讲解相结合

对外汉语综合课教学采用教材的语法注释有的是集中性的,有的是分散性的。同时,由于教学时间和教学对象不同,集中注释的部分可能不能够在一次课上处理完,而分散性的注释也可能不是一次课上的讲解内容。对此,教师应以教学实际为依据进行灵活处理,不能过分拘泥于教材设定的顺序。也就是说,要是能够在一次课讲完当然最好,若是讲不完,就需要分散讲解。而对于教材里已经分散开的注释,可以依课文注释的顺序进行讲解,然后在后面再讲时对其进行简单回顾。这样,教材中分散的注释就能串起来,进而帮助学生形成系统的理解。

（二）对比讲解与变换讲解相结合

在速成对外汉语综合课教学中,经常出现这样的情况,即仅仅就某一结构本身对它的特性进行讲解时,学生很难理解,这时如果是提出一些和这一结构有关的句子进行对比或变换,学生便能较快地理解。也就是说,在速成对外汉语综合课教学中,可以运用对比讲解和变换讲解相结合的方法。而在运用这种方法时,要注意以下两方面:第一,注意用来进行对比或变换的句子应该尽量是语法注释中、书后练习中出现的;第二,注意提出对比或变换的句子,在语法方面要尽量跟语法点顺序的调整结合起来,同时避免随意用词。

四、速成对外汉语综合课教学的形式

速成对外汉语综合课教学的形式,常用的主要有以下几种。

（一）用卡片对汉语拼音进行练习

用卡片对汉语拼音进行练习,就是先给每个学生发一张编有号码、写四个不同的汉语拼音音节和声调的卡片;然后给学生大约5 ～ 10分钟的练习时间,要求所有学生尽可能大声清楚地朗读出卡片上的音节;最后让某一学生读其卡片上的音节,让其他学生进行重复,且直到学生重复正确为止。对于对外汉语的初学者来说,这种练习是很有效果的。

（二）做记忆汉字的游戏

记忆汉字的游戏对于学生准确掌握词汇具有十分重要的作用。而在做这一游戏时,要先准备一套一面写有汉字和相应的拼音而另一面是空白的词汇小卡片,然后在做游戏时,将空白的一面混合并朝上放在桌子上。参加游戏者轮流翻卡片,每人翻两张,如果是一对儿,即汉字和拼音相对,而且能够正确地读出拼音、说出汉字的意思,则收归己有,否则再扣着放在桌子上。在游戏的最后,胜利者是找到对儿最多的学生。

（三）进行分角色实战练习

分角色实战练习是一种身临其境的练习方式,因而有着较好的教学效果。分角色实战练习不仅有利于语法复习或讲解语言现象、国情问题,而且有利于活跃课堂气氛,提高学生学习的兴趣、学习的热情和学习的积极性。

（四）增强理解能力听写训练

在速成对外汉语综合课中,听写练习是最难的练习。这是因为听写练习的前提不仅要学生准确理解和识记每个单词,而且要求学生有很强的听力和坚实的语法知识。学生通过听写练习,会毫无隐藏地暴露出他们的错误,以便教师能够随时纠正其学习中出现的错误。因此,定期做听写练习可以充分调动学生学习词汇的主动性和积极性,也能够提供机会让老师系统讲解出现的拼写和语法错误。

（五）运用投影仪进行作文练习

在速成对外汉语综合课教学中,运用投影仪进行作文练习就是将学生的作文用投影仪放映在墙上,作为学生朗读和改错练习的材料。用这种办法可以同时达到许多教学目的,具体如下。

（1）可以使学生积极复习并将彼此有关联的句子串联成与个人密切相关的作文。

（2）可以帮助学生更好地意识到并改正在书写、语法和习用语等方面的错误。

（3）可以使学生有兴趣去探索如何找到语法准确和用词恰当的表达方式。

（4）可以提高学生朗读的速度,激发其朗读的兴趣。

然而,这种方式容易出现因错误纠正得不彻底而导致学生记住未经改过的不正确语句的现象,而且不容易调动起所有学生的学习积极性。

需要注意的是,在速成对外汉语综合课教学中,教师是不可能仅仅运用某一种形式就教会所有学生的,因此,教师应积极了解每一个学生的特点,对其运用最适合的形式。同时,教师在教学中也要注意将这些不同的形式有机地结合起来运用。

五、速成对外汉语综合课教学的时间观强化

速成对外汉语综合课教学的时间观,指的是在速成教学中如何正确理解时间的意义,如何正确看待时间的作用,只有树立了正确的时间观,才能保证速成对外汉语综合课教学获得健康的发展。而确立正确的时间观,必须对影响和制约教学进程的各种因素进行具体分析,并在此基础上建立起相应的教学保障体系。

（一）影响和制约速成对外汉语综合课教学进程的因素

影响和制约速成对外汉语综合课教学进程的因素主要有两个，即速成对外汉语综合课教学的"快速"和速成对外汉语综合课教学的"高效"。

1.速成对外汉语综合课教学的"快速"

速成对外汉语综合课教学是一项十分复杂的系统工程，而且构成系统的各种主客观因素都会对教学的过程产生重要的制约，并对教学的效果产生直接或间接的影响，因此，"快速"不是简单的、单纯意义上的绝对快速，而是在各种条件制约下的相对快速。明确这一点，有助于开展积极有效的教学活动。

2.速成对外汉语综合课教学的"高效"

前面提到，速成对外汉语综合课教学的"快速"具有相对性，但这并不是说速成对外汉语综合课教学不具有速成效果，相反，在现有条件下，速成对外汉语综合课教学的快速效果明显体现在学习的数量与质量上。因此，速成对外汉语综合课教学可以通过数量指标和质量指标完成的情况来衡量和判断速成教学的速度与效果。

速成对外汉语综合课教学的数量指标重点强调的是在单位时间内的"数量保证"，指的是学生们在规定的教学时间内所完成的学习任务，包括生词和汉字、语言点。速成对外汉语综合课教学与其他形式的语言教学具有相同的教学任务，即通过一定量的语音、语法、词汇的教学，逐步提高学生理解与运用汉语的水平，使其具有基本的听说读写能力，并且能够进行一定范围内的交际。

速成对外汉语综合课教学的质量指标重点考察学生是否达到了速成教学的"质量要求"，指的是"学生的语言能力达到什么样的程度，即各项语言技能指标的达标情况与学习成绩好坏"[1]。

---

[1]　李晓琪：《对外汉语综合课教学研究》，北京：商务印书馆，2006年，第331页。

HSK 考试是我国权威性的标准化考试形式,它的检测手段的客观性与说服力是目前最强的。通过表 8-1,可以发现速成对外汉语综合课教学的质量已经得到保证,并显示出快速学习对外汉语之后取得的良好效果。

表 8-1　HSK 成绩的对照

		国家等级标准	学历教育	速成教育	
				日韩生	欧美生
HSK 成绩	等级范围	初等（3～5级）	初等（3～5级）	初等（3～5级）	总分 2 级
	中数 Md	无	初 C（3级）	初 C（3级）	2 级
	达标率	无	76%～82%	85%左右	80%左右

（二）速成对外汉语综合课教学保障体系的建立

必须要有完善的教学保障体系作支持,才能实现速成对外汉语综合课教学"快速""高效"的目的。因此,建立速成对外汉语综合课教学保障体系是十分重要的。而在进行建立时,可以从以下两个方面着手。

第一,运用强化手段,在课堂教学方法和课程设置上实行优化策略,使教学组织活动为达到速成对外汉语综合课的教学目标发挥最大的作用。

第二,以学生的特点和要求为依据形成教学特色,强调在学习和借鉴的基础上使自我优势得到充分有效发挥,进而寻找到最佳的教学模式。

参考文献

[1] 崔希亮. 对外汉语读写课优秀教案集. 北京：北京语言文化大学出版社, 2016.

[2] 程爱民. 对外汉语教学与研究. 南京：南京大学出版社, 2016.

[3] 周国鹃, 李迅. 对外汉语课堂教学设计与技能. 苏州：苏州大学出版社, 2015.

[4] 崔希亮. 对外汉语读写课课堂教学研究. 北京：北京语言文化大学出版社, 2015.

[5] 刘岩, 柳青. 文化语境下的外语教学研究. 北京：人民日报出版社, 2015.

[6] 向平. 对外汉语教学的实践认知. 武汉：华中师范大学出版社, 2014.

[7] 吕文华. 对外汉语教学语法讲义. 北京：北京大学出版社, 2014.

[8] 唐智芳. 文化视域下的对外汉语教学研究. 长沙：湖南师范大学出版社, 2014.

[9] 安玉香. 对外汉语教学的多角度研究. 北京：中国书籍出版社, 2014.

[10] 陈枫. 对外汉语教学法. 北京：中华书局, 2012.

[11] 崔永华, 杨寄洲. 对外汉语课堂教学技巧. 北京：北京语言大学出版社, 2011.

[12] 吴勇毅. 对外汉语教学法. 北京：商务印书馆, 2012.

[13] 赵金铭. 对外汉语教学概论. 北京：商务印书馆, 2011.

[14] 崔永华. 对外汉语教学设计导论. 北京：北京语言大学出版社, 2011.

[15] 卢华岩. 对外汉语课堂教学行为理论与实践. 北京：北

京大学出版社,2011.

[16] 陈昌来.对外汉语教学概论.上海:复旦大学出版社,2010.

[17] 徐子亮,吴仁甫.实用对外汉语教学法.北京:北京大学出版社,2013.

[18] 孟国.第二语言习得理论与汉语教学研究.北京:光明日报出版社,2010.

[19] 张新明.简明对外汉语教学法.上海:学林出版社,2012.

[20] 程棠.对外汉语教学目的、原则、方法(第二版).北京:北京语言大学出版社,2008.

[21] 毕继万.跨文化交际与第二语言教学.北京:北京语言大学出版社,2009.

[22] 姜丽萍.对外汉语教学论.北京:北京语言大学出版社,2009.

[23] 李晓琪.对外汉语口语教学研究.北京:商务印书馆,2006.

[24] 周小兵.对外汉语教学导论.北京:商务印书馆,2009.

[25] 李晓琪.对外汉语阅读与写作教学研究.北京:商务印书馆,2009.

[26] 吕文华.对外汉语教学语法探索(增订本).北京:北京语言大学出版社,2008.

[27] 周欢梅.论对外汉语阅读课的教学方法.西安社会科学,2010(4).

[28] 郭凤萍.对外汉语部分基本词汇的文化内涵及其教学研究.现代语文(学术综合版),2016(5).

[29] 马悦馨.浅谈对外汉语教学中情景教学法的运用.安徽文学(下半月),2011(7).

[30] 苗力丹.浅谈对外汉语情景教学中语言情境的选择.安徽文学(下半月),2010(12).